U0491159

# 跟着 Wolly 游
## BEIJING
# 北京

蜗乐居工作室 著·绘

重庆大学出版社

图书在版编目(CIP)数据

跟着 Wolly 游北京 / 蜗乐居工作室著绘 . -- 重庆：
重庆大学出版社，2024.6
（纸上大中华丛书）
ISBN 978-7-5689-3878-5

Ⅰ.①跟… Ⅱ.①蜗… Ⅲ.①北京—概况—儿童读物
Ⅳ.① K921-49

中国国家版本馆 CIP 数据核字 (2023) 第 082286 号

纸上大中华丛书
**跟着 Wolly 游北京**
GEN ZHE WOLLY YOU BEIJING

蜗乐居工作室　著绘

| 策划编辑：张菱芷 | 责任编辑：张菱芷 |
| 书籍装帧：隋文婧 | 封面插画：顾佳华 |
| 责任校对：刘志刚 | 责任印制：赵　晟 |

重庆大学出版社出版发行
出版人：陈晓阳
社址：重庆市沙坪坝区大学城西路 21 号　邮编：401331
电话：(023)88617190　88617185(中小学)　传真：(023)88617186　88617166
网址：http://www.cqup.com.cn　邮箱：fxk@cqup.com.cn(营销中心)
全国新华书店经销
天津裕同印刷有限公司印刷

开本：787mm×960mm　1/16　印张：8　字数：189 千
2024 年 6 月第 1 版　2024 年 6 月第 1 次印刷
ISBN 978-7-5689-3878-5　定价：68.00 元

本书如有印刷、装订等质量问题，本社负责调换
版权所有，请勿擅自翻印和用本书
制作各类出版物及配套用书，违者必究

致所有终将启程的孩子

**Wolly 个人小档案**

**年龄** 永远 5 岁

**性别** 不详，大部分时候是小男生

**星座** 热情冲动的白羊

**血型** 爱挑战的 B 型

**特征** 拥有和脑洞一样大的眼睛

爸塞螺，Wolly 的老爸

**梦想** 穿越时空，结交古今大咖。

搭一架 C919 飞上蓝天！

**爱好** 最爱旅行探险，在旅途中吃喝玩乐。因为自己速度慢，所以喜爱各种交通工具。最近沉迷于滑雪。

Like!

Journey

太和殿的冒险经历真是难忘！

宋朝的四司六局果然名不虚传！

北京？

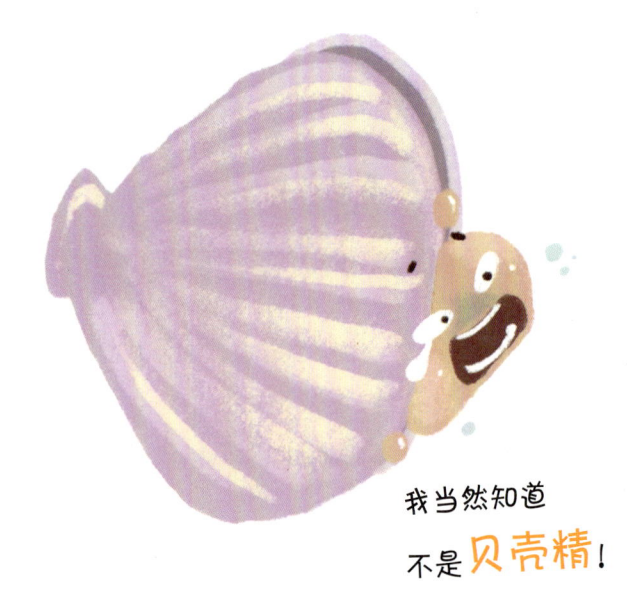

妖怪，哪里跑？！

我当然知道
不是**贝壳精**！

是有天安门的北京!

# 目录

## 01 历史变迁中的都城
首都      2
六朝古都      4
◎ 广阳郡 ◎ 中都
◎ 大都 ◎ 北京城

## 02 方房子？圆房子？
紫禁城      18
◎ 皇帝的家 ◎ 太和殿
◎ 乾清门 ◎ 乾清宫
◎ 养心殿

天坛      38
◎ 回音壁 ◎ 圜丘坛
◎ 祈年殿

四合院      48

## 03 郊区的"大别墅"

### 圆明园　　56
- 长春园　 大水法
- 观水法

### 颐和园　　66
- 慈禧太后60岁的生日
- 甲午战争

### 北京大学　　79
- 给光绪皇帝写信
- 京师大学堂
- 国立北京大学

## 04 不止是古都

### 双奥之城　　88
- 百年奥运梦
- 冬奥会　 吉祥物

### 北京天文馆　　96
- 星空　 恒星　 太阳系

### 中国尊　　102
- 抗震设防烈度　 青铜尊

### 中国国家大剧院　108
- 京剧

### 中关村科技园　114
- 元宇宙

# CHAPTER 01

## 历史变迁中的都城

你想见到广袤的青青草原吗？那就从北京一路向北，去草原上驰骋！你想见到丰饶的田园吗？那就从北京往南走，看农人们在田间地头辛勤耕作。或许元明清三朝的皇帝们就是看上了北京便利的地理位置，才你争我抢，把北京作为自己的都城。

# 首都

北京是我们祖国的首都，是一个拥有两千多万人口的超级大城市。

几乎看不到树

北京的附近就像有一条无形的界线，界线北面很少下雨，草木都长不高，所以有大片大片的青青草原。住在那里的人以放牧为生，他们领着牛羊到处吃草，居无定所，因而被称为"游牧民族"。

北京

燕山

界线南面则雨水较多，植物吸饱了水分，长得又高又大。人们习惯耕种土地，栽种庄稼，被称为"农耕民族"。

# 六朝古都

很久很久以前，北京并不是都城。秦朝的时候，北京大部分地区属于**广阳郡**。

秦始皇在这附近修筑长城，抵抗北方游牧民族的入侵。

匈奴

把钱和粮食都交出来！

耶？怎么多了堵墙？！

chán yú
单于
匈奴的首领

想过来，门儿都没有。

不过，今天我们在北京看到的长城可不是秦朝的，大多是明朝重修的。

秦始皇
中国历史上的第一个皇帝

女真族

一千多年后，另一个北方游牧民族建立的金国打败了宋朝，占领了中国的北方。

这些都是我的了吗？

他们选了北京作为都城，取名为 中都。因为这里既可以统治汉族地区，又离自己的草原家乡很近，很是方便。

罢了罢了，杭州西湖的美景也别有一番韵味呢。

宋高宗
宋朝的皇帝赵构为了逃难，把都城搬到了南方的杭州。参见《跟着Wolly游杭州》。

没过多久，金国又被北方另一个游牧民族蒙古族打败了！蒙古人统治了整个中国，建立了元朝。

读作"hán"，大汗是对蒙古统治者的尊称。

大汗明年也要回来看我们哦！爱你！

元朝皇帝基本每年都会回到北方草原的上都住一住。

这是我为陛下您设计的新都城，左右对称，南北通透！

没问题！美丽的草原是我的家！

**刘秉忠**
汉族人，元大都的总设计师。

蒙古人的首领也喜欢住在北京，还把北京城建成了方方正正的样子，管它叫**大都**。

"首都"的意思

元朝皇帝的皇宫位于元大都的南面。

6

再后来，元朝被明朝取代了。明朝第三个皇帝朱棣(dì)在元朝大都的基础上重新建造了北京城。

明朝皇帝往南拓展了北京城，使皇宫处在北京城北方。

皇上，您的行李都从南边搬来了。

今北京

1421年，他把都城从南京迁到了北平，明朝成了第一个在北京建都的汉族王朝。

两百多年以后,明朝也灭亡了,明朝最后一个皇帝眼看着反抗他的军队打进北京城,便在万岁山上的槐树上上吊自杀了。

在故宫北面的景山

我哥哥、爷爷、爷爷的爷爷的心血最后还是毁在了我的手里!

崇祯皇帝

快投降吧!你跑不了的!

李自成

明朝后期统治腐朽,人们吃不饱穿不暖,联合起来反抗皇帝。李自成是农民起义的领袖。

拜拜！

**吴三桂**
明朝镇守山海关的将领，北京被农民军占领后他就投降了中国东北的一个民族。

这个时候，中国东北的一个民族冲破了长城东面的山海关。他们打败了农民军，攻占了北京，北京就成了清朝的都城。

这个建立清朝的民族来头可不小,他们就是五百年前大闹天宫,哦不,大闹北方,曾打败宋朝军队的女真族的后代。

> 我们的祖先打败了宋朝军队!

> 我要建立一个比金更强大的国家!

> 啾!

女真族里一个名叫爱新觉罗·努尔哈赤的人统一了女真族的部落,成为首领。他的儿子皇太极把"女真族"改名为"满洲族",后来简称为"满族"。

> 从今以后，这都是你的了。

> 我会像我爷爷努尔哈赤一样厉害吗？

**多尔衮(gǔn)**
努尔哈赤的儿子，皇太极的弟弟。

**顺治皇帝**
清朝定都北京后的第一位皇帝，登基时才6岁，由他的叔叔多尔衮帮他管理国家。

努尔哈赤和他的儿子们带领军队，打下了清朝的江山！

努尔哈赤把所有满族人分为八组，每组由一个小首领管理，并用旗子作为标志。旗子有白、黄、红、蓝四种颜色，每种颜色又分不镶边的"正旗"和镶边的"镶旗"，所以一共有八旗。

努尔哈赤的子孙一代一代地当着清朝的皇帝，其中最厉害的是康熙、雍正、乾隆，他们把国家建设得很强大，所以后来人们把他们统治的时期叫作"康乾盛世"！

可是清朝强大起来以后就开始骄傲自满，他们过于相信自己的文化而轻视西方的科技，这让国家迅速地走向衰弱。

● 康熙皇帝
1662—1722 年在位

我 8 岁登基，整整当了 61 年皇帝！

你眼里就没有"爹地"吗？

● 雍正皇帝
1723—1735 年在位

管理国家的"工作狂"，整天"埋"在奏折里。

我爸爸是最棒的！

● 乾隆皇帝
1736—1795 年在位

十分崇拜自己的爸爸，他在当皇帝满 60 年后主动退位，只是为了不想打破爸爸的纪录。

● 嘉庆皇帝
1796—1820 年在位

我们大清国那么强大，根本不需要什么洋人科技。

面对外国人的欺负，道光皇帝以及之后的皇帝个个无能为力，国家眼看着就要在他们手里灭亡了！

1911年，清王朝被推翻了。经过三十多年的奋斗，中国人民终于当家做主，建立了中华人民共和国，北京从此成了我们伟大的新中国的首都。

毛泽东 中华人民共和国中央人民政府主席

周恩来 政务院总理

李济深 张澜 刘少奇 朱德 宋庆龄
都是中华人民共和国中央人民政府副主席

董必武 中国共产党的创始人之一

《新中国诞生》（局部）国画 唐勇力
现藏于中国国家博物馆

全国政协委员，中央美术学院教授，著名工笔画画家

1949年10月1日，开国大典在北京天安门广场隆重举行。毛主席在天安门城楼上庄严地向全世界宣告中华人民共和国中央人民政府的成立。

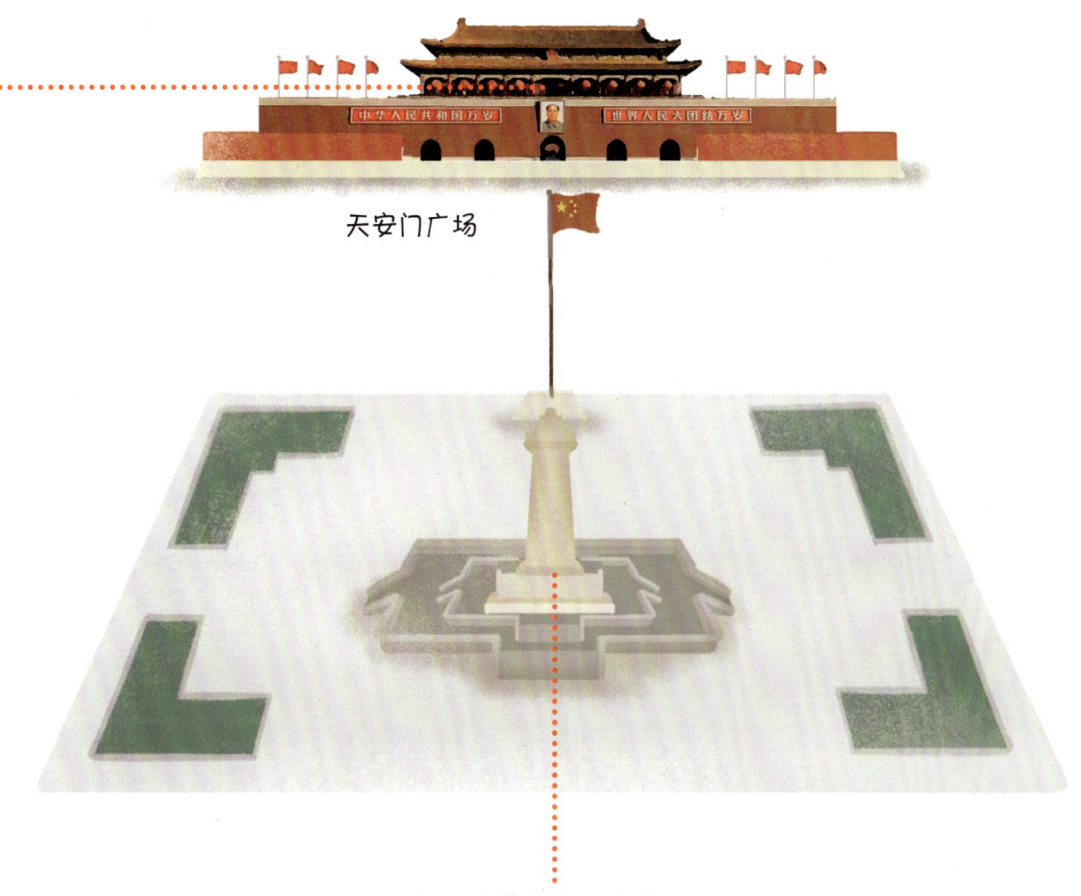

天安门广场

人民英雄纪念碑
屹立在天安门广场中心，纪念为中华民族崛起而献出宝贵生命的革命先烈们。

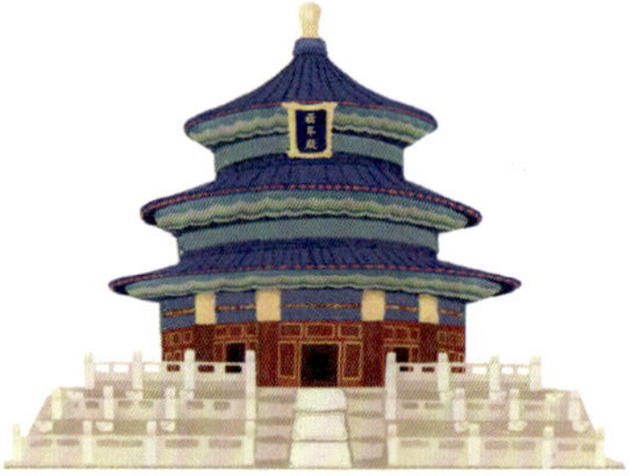

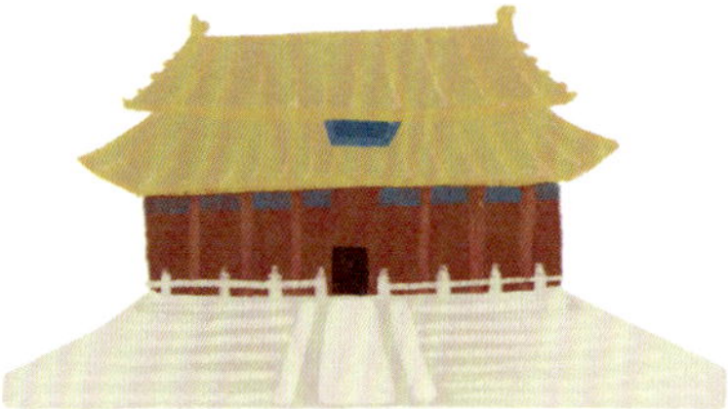

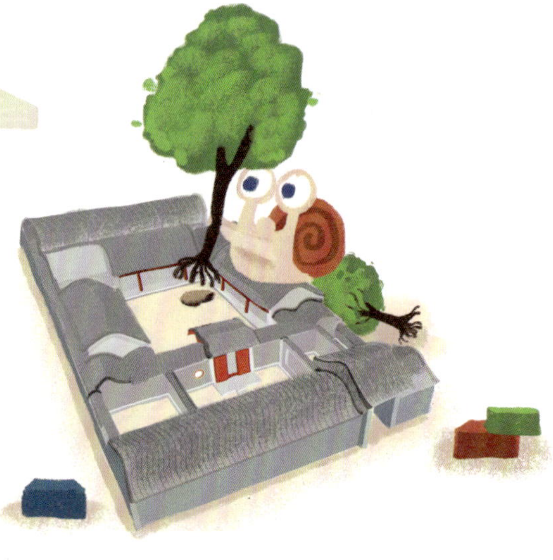

# CHAPTER 02

## 方房子？圆房子？

故宫，四合院，北京的好多房子都是方方正正的，据说这样最显大气稳重。北京也有一些建筑是圆的，比如天坛的皇穹宇和祈年殿，据说圆形能够代表高贵的天。这让Wolly犯了难，他应该把自己的房子造成什么形状呢？

# 紫禁城

以前，这座皇帝的宫殿叫作"紫禁城"，后来叫"故宫"，"故宫"就是"过去的宫殿"。它是明清两个朝代的**皇帝的家**。

指天上的紫微星，也就是北极星。据说紫微星在天空的正中央，是天帝居住的地方。人间的皇帝也效仿天帝，要居住在人间的正中。

皇帝的家以乾清门为界，分为**外朝**与**内廷**。外朝是皇帝和大臣"办公"的场所，他们在这里商量国家大事；内廷就是后宫，是皇帝和他的家人日常生活的地方。

"禁"代表皇宫戒备森严，是闲杂人员不能进入的禁地。

当然，今天的紫禁城已经变成了"故宫博物院"，所有人都能走进去，感受中国的历史文化！

**内廷**

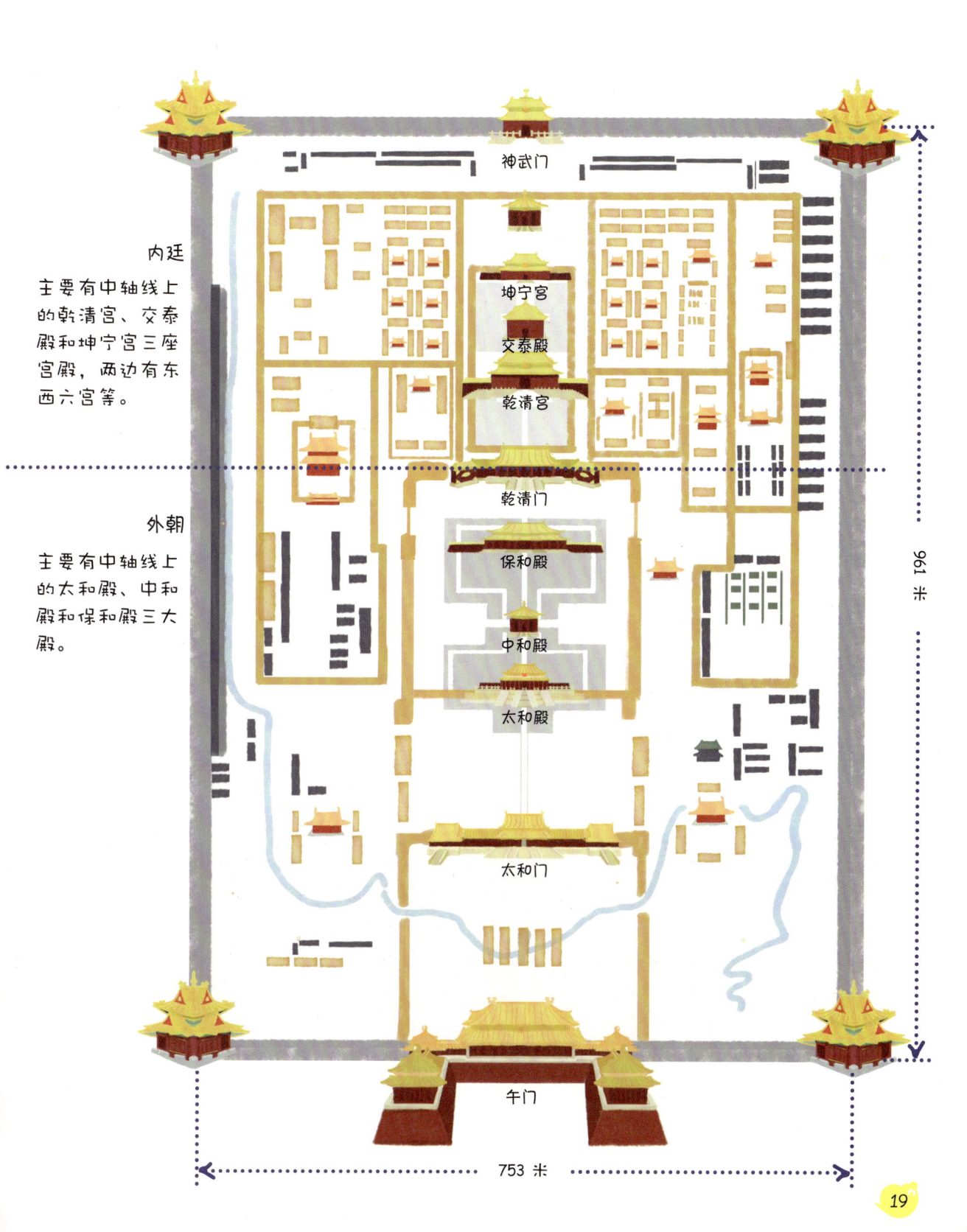

主要有中轴线上的乾清宫、交泰殿和坤宁宫三座宫殿，两边有东西六宫等。

**外朝**

主要有中轴线上的太和殿、中和殿和保和殿三大殿。

神武门
坤宁宫
交泰殿
乾清宫
乾清门
保和殿
中和殿
太和殿
太和门
午门

961 米

753 米

作为整个王朝的 CEO（首席执行官），皇帝陛下在皇宫里当然有很多间"办公室"，其中最大最气派的要数外朝的**太和殿**。

整个屋顶上铺满金黄色的琉璃瓦

太和殿 26.92 米

须弥座 8.13 米

佛教传说须弥山是世界的中心，皇帝的宫殿当然要建在世界中心上了。

铜龟、铜鹤
象征着长寿以及江山的稳固

《载湉大婚典礼全图册》（局部） 庆宽 等

现藏于北京故宫博物院

骑凤仙人
寓意吉祥

龙
上天入地，
无所不能

凤
百鸟之王，
带来天下
太平

狮子
万兽之王，
护法神

海马
忠勇智
通天入海

20

整个太和殿虽然只有一间房间，但它足足有8层楼那么高，光是屋顶上的鸱(chī)吻，就有3.66米！

传说是龙的第九个儿子，喜欢吞火，人们认为它可以让建筑避免失火，把它用宝剑固定在正脊上。

两重的屋檐上各站着一排神兽

故宫里，房子屋檐上的神兽越多，代表房子的级别越高。

天马
日行千里，
追风逐日

狎(xiá)鱼
能祈雨，
灭火防灾

狻猊(suān ní)
骁勇善战

獬豸(xiè zhì)
是忠诚、
正义的化身

斗牛
擅长吞云吐雾

行什
只在太和殿出现，有翅膀，手拿金刚杵，会降妖伏魔，是传说中雷神的化身。

21

尽管太和殿十分气派，但实际上皇帝很少用它，只有在皇帝继承皇位、结婚、生日以及元旦、冬至这样的大日子，这里才举行仪式。

1米

宝座两侧排列着6根云龙金柱

····· 轩辕镜
传说可以辨别真假天子，如果是假皇帝坐在龙椅上，那么轩辕镜就会掉下来。

····· 宝象
象征国家的安定和政权的巩固。

····· 龙椅宝座

> 龙和金黄色是皇帝的象征，太和殿里到处都可以看见金灿灿的龙。请你数一数，这个页面上有几条龙呢？

《清圣祖康熙皇帝朝服像》
现藏于北京故宫博物院

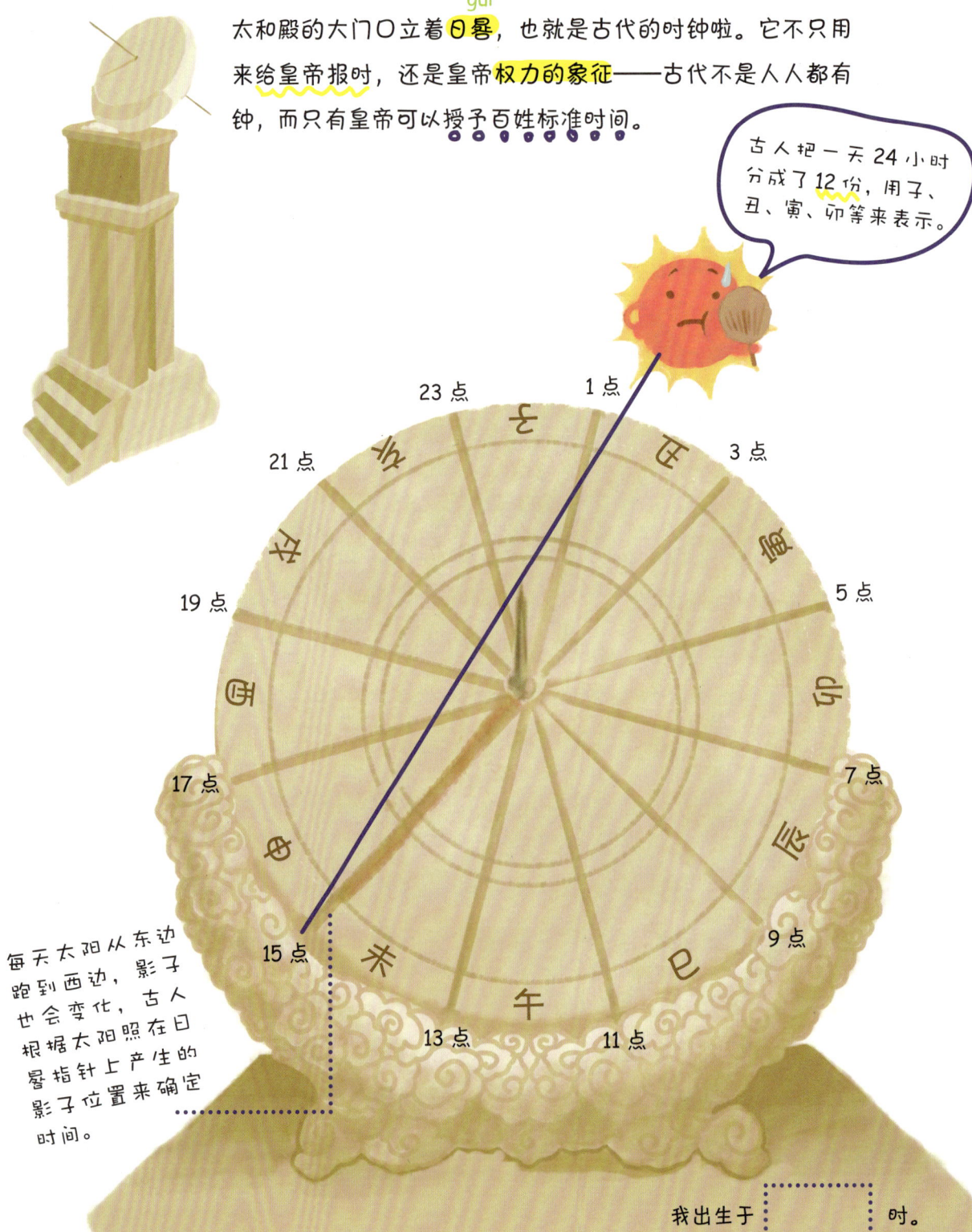

太和殿的大门口立着日晷(guǐ)，也就是古代的时钟啦。它不只用来给皇帝报时，还是皇帝**权力的象征**——古代不是人人都有钟，而只有皇帝可以授予百姓标准时间。

古人把一天24小时分成了12份，用子、丑、寅、卯等来表示。

每天太阳从东边跑到西边，影子也会变化，古人根据太阳照在日晷指针上产生的影子位置来确定时间。

23点 1点
21点 3点
19点 5点
17点 7点
15点 9点
13点 11点

我出生于 _____ 时。

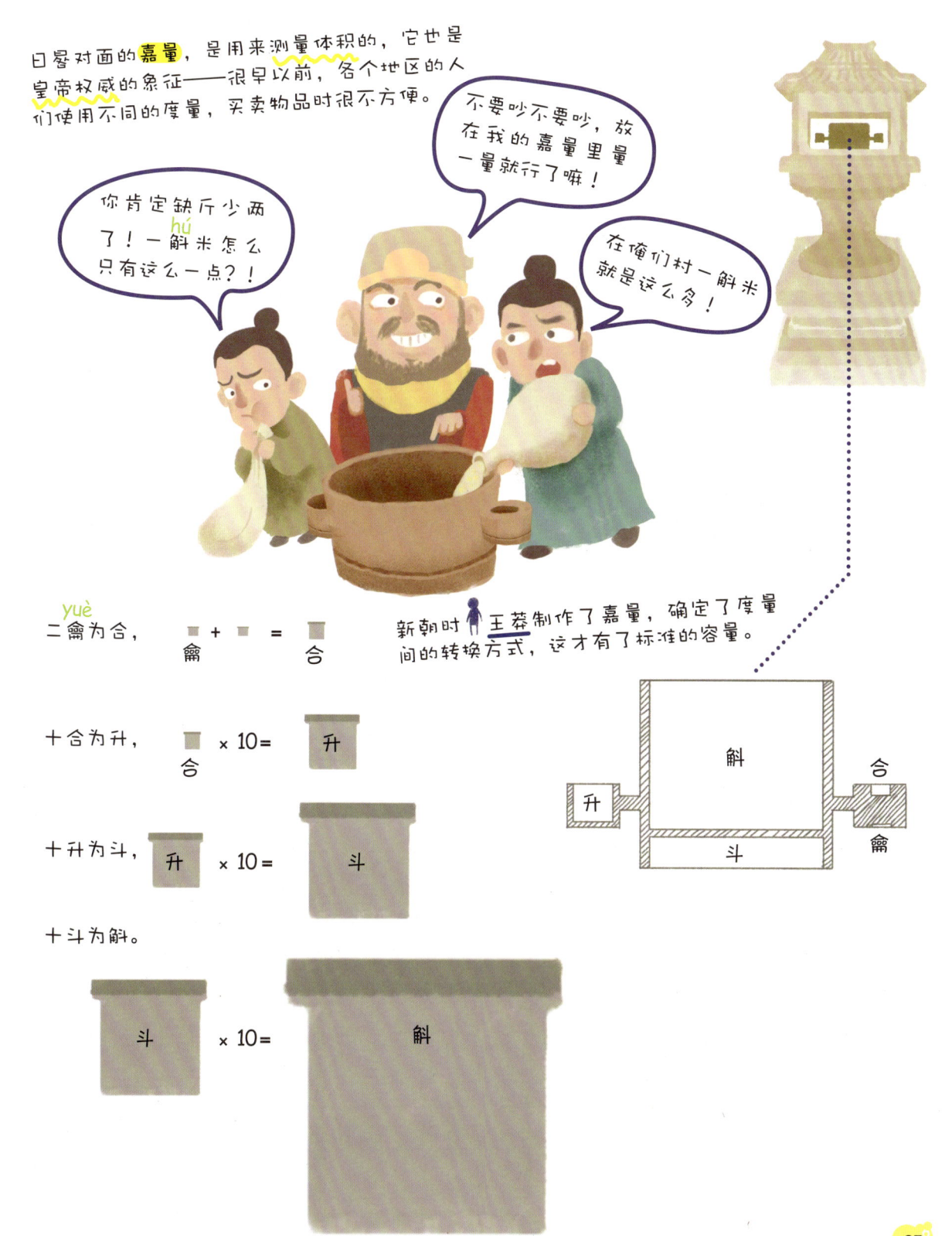

日晷对面的 嘉量，是用来测量体积的，它也是皇帝权威的象征——很早以前，各个地区的人们使用不同的度量，买卖物品时很不方便。

你肯定缺斤少两了！一斛(hú)米怎么只有这么一点？！

不要吵不要吵，放在我的嘉量里量一量就行了嘛！

在俺们村一斛米就是这么多！

新朝时王莽制作了嘉量，确定了度量间的转换方式，这才有了标准的容量。

二龠(yuè)为合，　龠 + 龠 = 合

十合为升，　合 × 10 = 升

十升为斗，　升 × 10 = 斗

十斗为斛。

斗 × 10 = 斛

皇帝真正常用的办公地，绝对让人意想不到——
皇帝和大臣们常常大清早在 **乾清门** 门口的广场上开会，商量国家大事！

最早是卯时，相当于早上 ☐ 点

据说这是因为皇帝相信自己是被上天任命来统治百姓的，所以与大臣们商讨事情时，也要在没有屋顶的地方，让上天知道。

纳兰大人，皇上昨儿个赐您的这件补服，到底算文官服还是武官服呢？

好困啊！

顶戴

朝珠

花翎
用孔雀羽制成

马蹄袖

有些住得远的官员，生怕自己迟到，往往半夜就要起床，摸黑赶路上朝。

三品 ▭ 孔雀

五品 ▭ 白鹇(xián)

**补服**
大臣上朝穿的衣服，中间缀有"补子"，用以区分官职，<mark>文官为禽鸟，武官为走兽</mark>。

三品 ▭ 豹子

五品 ▭ 熊罴(pí)

（请在本页方框里填写文官/武官）

大臣们向皇帝提出建议、汇报工作，皇帝同意后，就在奏章上盖上宝玺，文件就生效了。不同的文件，还要用不同的宝玺。清朝的乾隆皇帝居然一共有 25 个工作印章，他难道不会弄错吗？

> 皇帝的印章

> 都保存在后宫的交泰殿。

> 只要使用的人有高尚的品德，即便最普通的印章，也会是最珍贵的宝物。

**皇帝之宝**
皇帝颁诏、册封皇后等仪式使用。

> 宝玺大多数是用珍贵的黄金、玉石做的，唯独最常用的"皇帝之宝"是用檀木做的。

**大清嗣天子宝**
用于皇位继承。

任你再多，也不及朕这一枚！

和氏璧本是我的！

都是我的宝玺！

秦始皇统一六国时，用传世珍宝 和氏璧 雕琢成中国第一方宝玺，并在上面题字"受命于天，既寿永昌"，意思是皇帝的权力是上天赐给的，所以宝玺就成了正统皇权的象征。

**敕正万民之宝**
给百姓颁布命令专用。

**制驭六师之宝**
调动、管理全国的军队。

走过了乾清门,就是皇帝一家居住的后宫了,那里是连大臣都不能随意进出的地方。

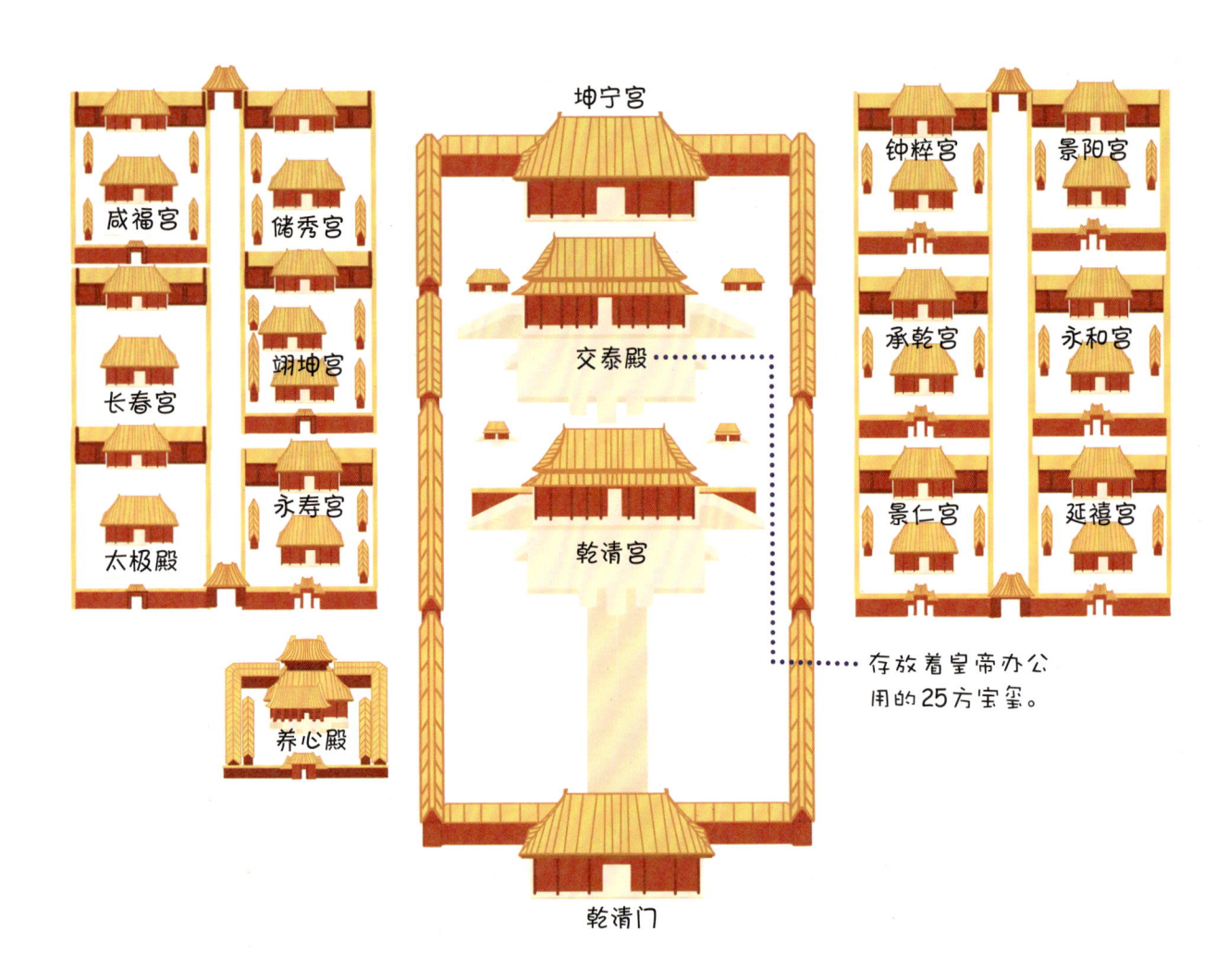

咸福宫　储秀宫　坤宁宫　钟粹宫　景阳宫
长春宫　翊坤宫　交泰殿　承乾宫　永和宫
太极殿　永寿宫　乾清宫　景仁宫　延禧宫

养心殿

乾清门

存放着皇帝办公用的25方宝玺。

后宫里两间较大的宫殿**乾清宫**和坤宁宫,起初是给皇宫的男主人和女主人——皇帝和他的妻子皇后住的,皇帝的其他妃子则住在周围的12个小宫殿里。

清朝皇帝同一时期可拥有1位皇后,1位皇贵妃,2位贵妃,4位妃,6位嫔……皇帝家族真是超级巨大的一家。

# 中华第一家（28人）

酉时·三刻

**令妃**

旗头
也叫"大拉翅"，是清朝晚期十分流行的发型，在很多清宫戏里可以看到！

皇帝哥哥看看，这个发型好看吗？有只蜗牛告诉我，几十年以后这种发型会很流行。

**皇后**
还是端庄素雅些的好，这个发型未免太浮夸了。

**嘉妃**
还是皇后娘娘体面，我也这么觉得。

**纯妃**
令妃姐姐还是把那只蜗牛送给法国的画师吧。

乾隆皇帝
挺好的，爱妃天生丽质，什么发型都能驾驭。

皇帝陛下，请问，为什么您的妃子们都长一个样？

《心写治平图》（局部）
郎世宁等为乾隆皇帝与后妃画的肖像画。

作为一名工作狂，雍正觉得这里靠近前朝，更方便他工作。

不过，从清朝第三位皇帝雍正开始，皇帝就住在**养心殿**了。他们不仅在养心殿召见大臣、处理政务，连读书写字和饮食起居也在这里。

华滋堂

佛堂

无量寿宝塔

三希堂

勤政亲贤殿

西暖阁

后殿

皇帝在养心殿有两间寝室。晚上睡觉时两边的床帘都会放下来，据说这样可以防止刺客行刺。

穿堂

中正仁和殿

随安室

东暖阁

东暖阁中留有慈禧太后垂帘听政的宝座。

如果继位的皇帝比较年幼，可以由太后帮助皇帝处理国家政务。因为太后的容貌不能被官员们看见，所以会在皇帝与太后的宝座之间增加一道帘帐。

前殿

羲之顿首：快雪时晴，佳。想安善。未果为结，力不次。王羲之顿首。山阴张侯。

下了雪后天气马上放晴了，风景好美。想必你一定安好。事情没有结果，心里郁闷，不详细说了。

这幅字太好看了，我要把我所有的印都盖上。

你这是在破坏文物！

《快雪时晴帖》 王羲之
现藏于台北故宫博物院

养心殿西暖阁里的<mark>三希堂</mark>是乾隆皇帝的书房，酷爱书画的乾隆皇帝在三希堂里放了许许多多珍贵的字画，其中最著名的就是书法家王羲之的《快雪时晴帖》、王献之的《中秋帖》和王珣的《伯远帖》。

古人一种写给他人的便条、短信。

这位皇帝或许太想和他的偶像王羲之同框了，他在全文只有28字、还没有一张A4纸大的《快雪时晴帖》上敲了十几个图章。还要再加上纸，写上自己的批语"神乎技矣"。

后世收藏家太喜欢王羲之写的《快雪时晴帖》，不断地在边上加上纸写评论，这让这幅作品越变越长。

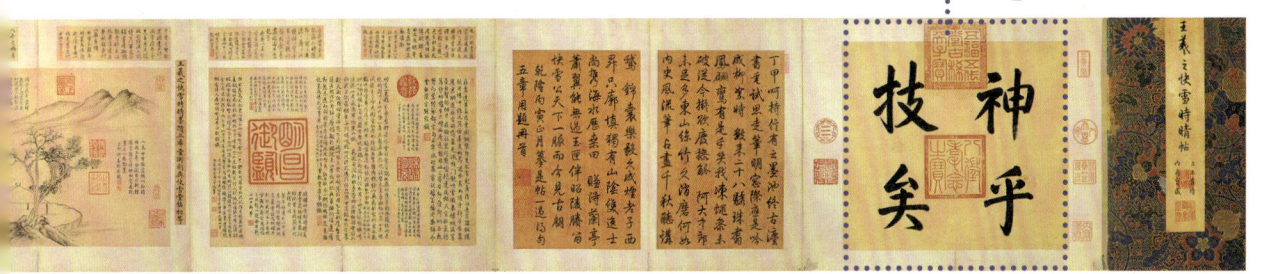

一千多年前，这封仅有 28 个字的信写在脆弱的宣纸上，能够流传至今，全靠一代又一代书画家的细心<u>装裱</u>。

用来保护书画作品的一种方法。

装裱时，先把字画背面朝上，洒上水，在桌子上铺得平平整整的。

再刷上一层稀糨糊。将一张比画大一些的宣纸慢慢地铺在上面，压实。

**jiàng**
糨糊
一种用面粉或稻米熬煮成的纯天然绿色胶水。

洒一些水，然后将贴上纸的画从桌子上掀下来，放到一面干净平整的墙上，让它自然风干。

要时不时往画中心洒点水，让四周先干。如果中心先干，整个画就会变得皱巴巴的，不好看了。

36

等画干了以后从墙上取下来就能给它镶边了。一般我们会用绫或锦涂上糨糊，把画的四周都镶上边。

等糨糊干了以后就按照之前的步骤，把整个镶好边的画都洒上水，再在背后粘上一层宣纸，上墙，等风干后取下。

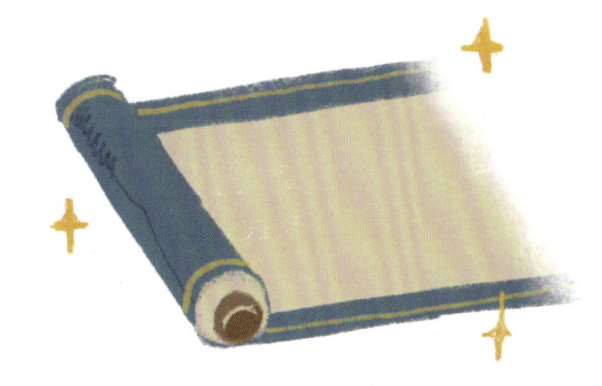

画干了以后把底层多余的白纸裁去，只留下和镶边完全重合的部分。然后装上画轴，一幅字画就装裱好啦！

装裱后的字画，就像我们现在把自己喜欢的相片放进相框里一样，变得厚厚的，不容易被撕坏。

# 天坛

我们的皇帝竟然长着蜗牛的身体！

皇穹宇
供奉皇天上帝和皇帝祖先牌位的地方

西配殿

从北往南数第3块

这块石头叫作"三音石"，打开皇穹宇的大门，站在三音石上拍手，可以听到三次回声！站在前两块石头上分别能听到一次和两次回声。

61.5 米

天坛就是那个有回音壁的地方，回音壁是天下最不靠谱的朋友，你对着它说什么秘密，它立马会偷偷"告诉"别人！比如，你站在西配殿后，面向围墙轻声说话，说的那些已经一句不落地全被对面东配殿后的人偷听到了！

那可是在 60 米外的背后呀！

什么？皇帝是妖怪？

东配殿

这都是回音壁圆溜溜的围墙在恶作剧——我们的声音，顺着回音壁光滑的墙面，弹呀弹，弹到远处，就被别人听到了。

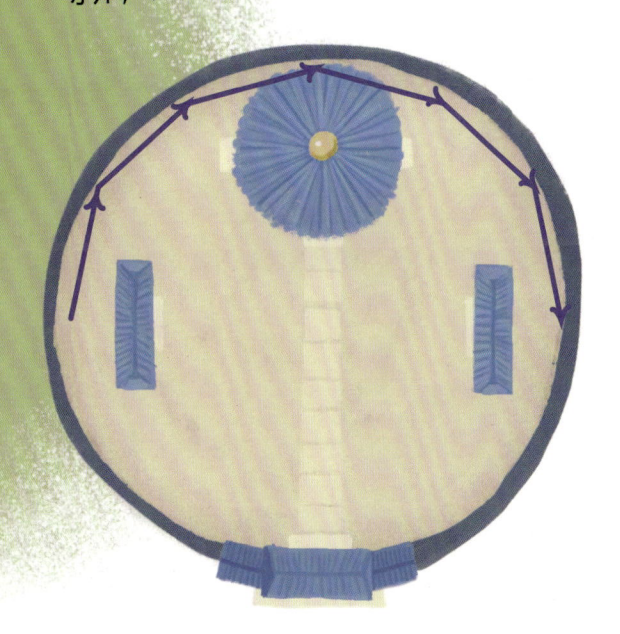

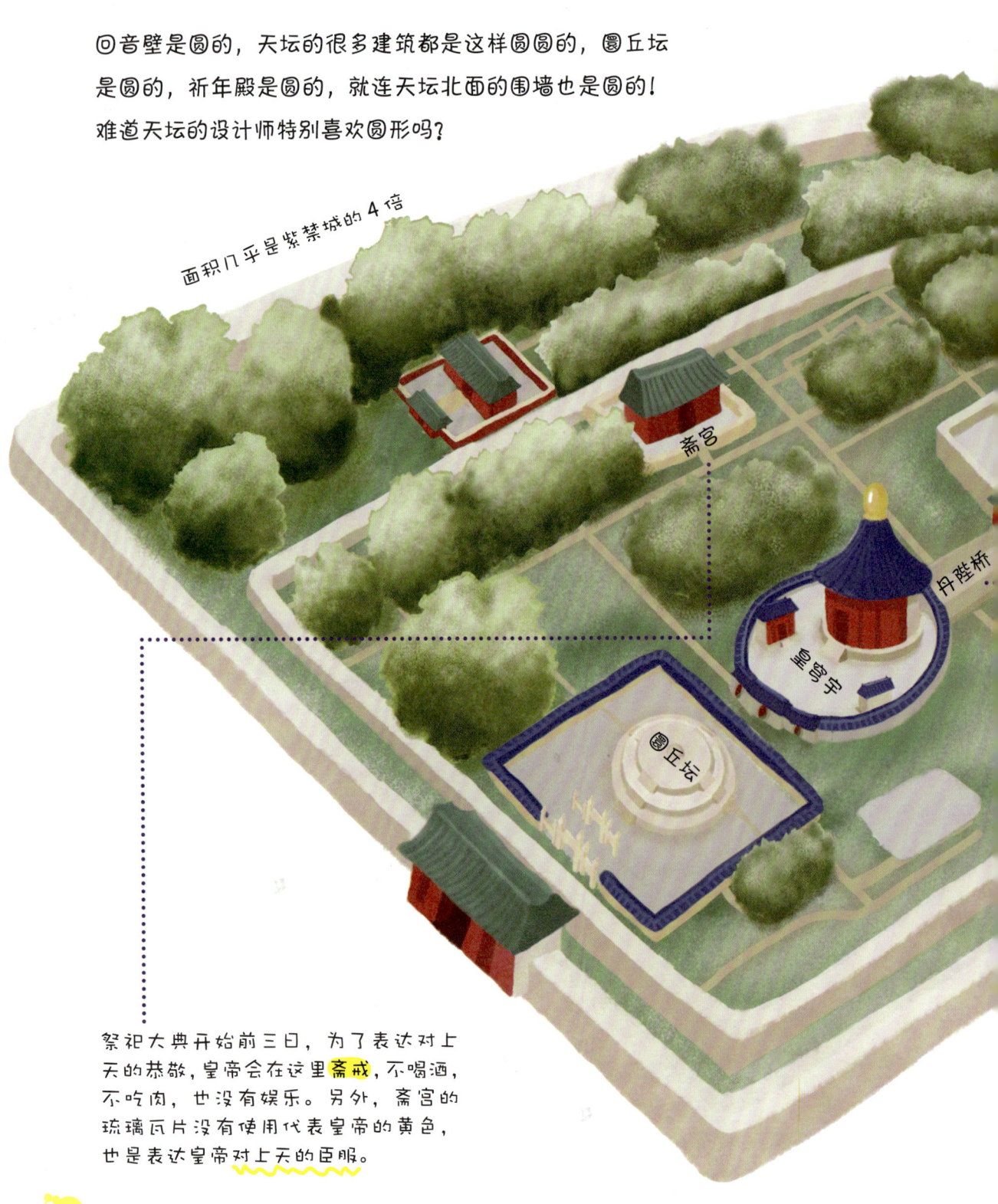

回音壁是圆的，天坛的很多建筑都是这样圆圆的，圜丘坛是圆的，祈年殿是圆的，就连天坛北面的围墙也是圆的！难道天坛的设计师特别喜欢圆形吗？

面积几乎是紫禁城的4倍

斋宫

丹陛桥

皇穹宇

圜丘坛

祭祀大典开始前三日，为了表达对上天的恭敬，皇帝会在这里 斋戒，不喝酒，不吃肉，也没有娱乐。另外，斋宫的琉璃瓦片没有使用代表皇帝的黄色，也是表达皇帝对上天的臣服。

祈年殿

北

嘿，还真差不多！在古人的观念里圆形代表天，我们的祖先认为大地就是个大方形，而天就是一个盖在方形大地上的圆罩子！天坛是皇帝祭祀上天的地方，它的建筑当然要用天的形状啦！

天坛的琉璃瓦片也是天的颜色——蓝色。

丹陛桥是一条路，这条路凸出地面，从皇穹宇到祈年殿，路面渐渐升高，一路走来，就像要走去天上一样。在这条路上，大臣只能走左边，皇上只能走右边，中间是给神走的。

41

我们的古人非常敬畏天，他们认为天上住着超级厉害的主掌世界的天神。他一生气，降下风暴、地震等灾祸，我们就完蛋了；他一高兴，让世间风调雨顺，庄稼们就能舒舒服服长大！皇帝祭天就是代表世人表示对上天的敬重！

古人认为皇帝是天子，也就是"上天的儿子"，所以只有他可以代表百姓与天沟通。

站在天心石上诵读，声音特别洪亮，皇帝和百姓的心愿就可以让上天听到了。

每年12月21、22或23日

皇帝一般一年祭两次天，年末的冬至，皇帝会在圆丘坛祭天。祭天仪式上，大臣要在天心石上向上天诵读祝文。

围绕天心石的石块都是扇形的，第一圈有9块，第二圈有18块，第三圈有27块，直到第九圈有81块，都是9的倍数。

古人把单数一、三、五、七、九称为"阳数"。古人认为，天为阳，地为阴，所以用最大的阳数"九"来表示天的至高无上。

通常有猪牛羊、绢帛之类的祭品

还要为上天表演舞蹈、准备礼物，感谢上天的照顾，祈求上天来年继续保佑人间。

**fán**
**燔柴炉**

焚烧祭品的地方。给上天的礼物随着焚烧上升的青烟送到了上天那里。

农历正月
↑
每年孟春，也就是人们要开始播种的时候，皇帝会去**祈年殿**祈谷，祈求上天保佑今年可以风调雨顺，谷物丰收！

"年"除了表示时间，在古代还有"谷子熟了"的意思。看"年"的甲骨文写法：

是不是很像一个农夫背着成熟的谷子回家？所以，"祈年"就是祈求稻谷丰收的意思。

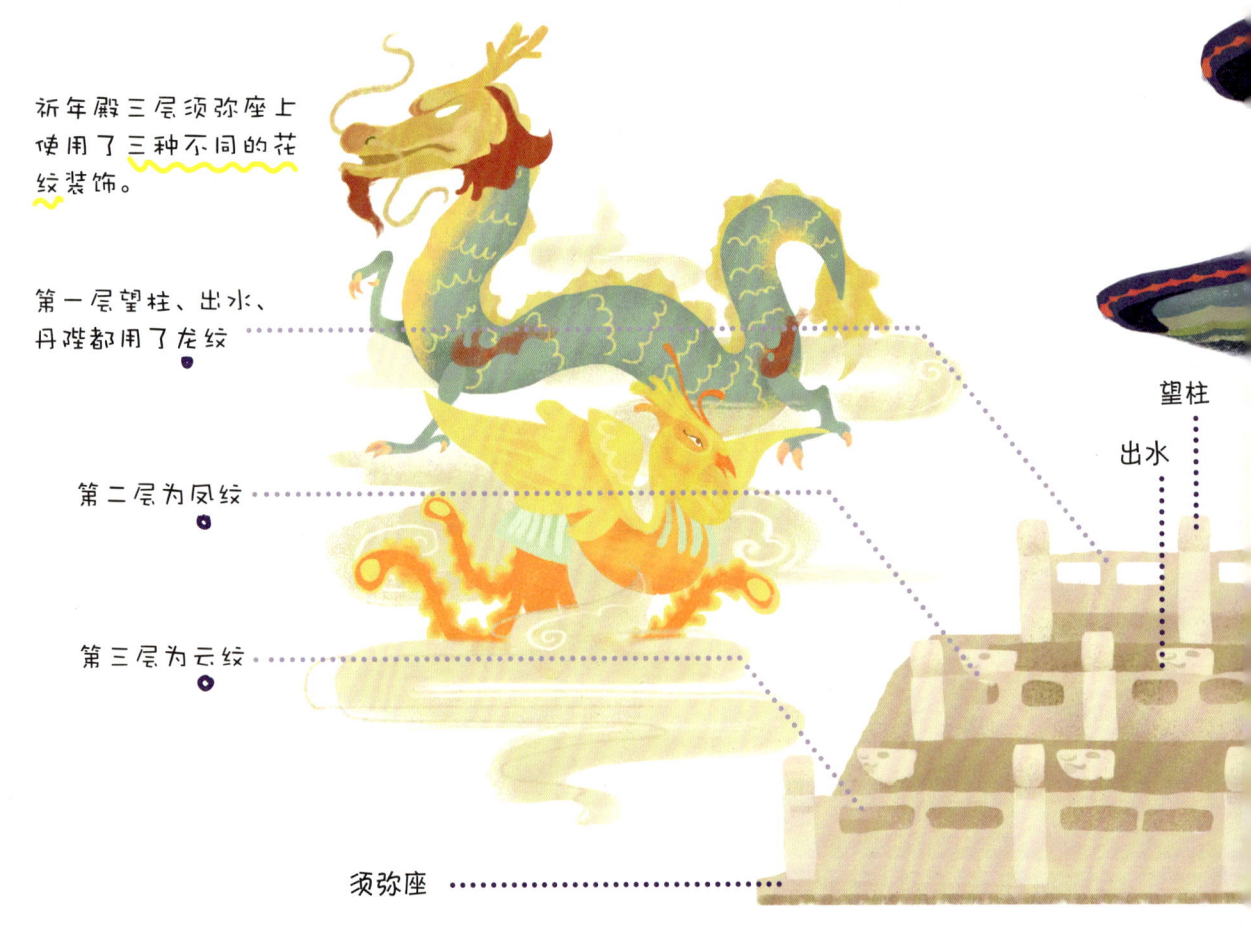

祈年殿三层须弥座上使用了三种不同的花纹装饰。

第一层望柱、出水、丹陛都用了龙纹

第二层为凤纹

第三层为云纹

须弥座

望柱
出水

44

祈年殿

丹陛

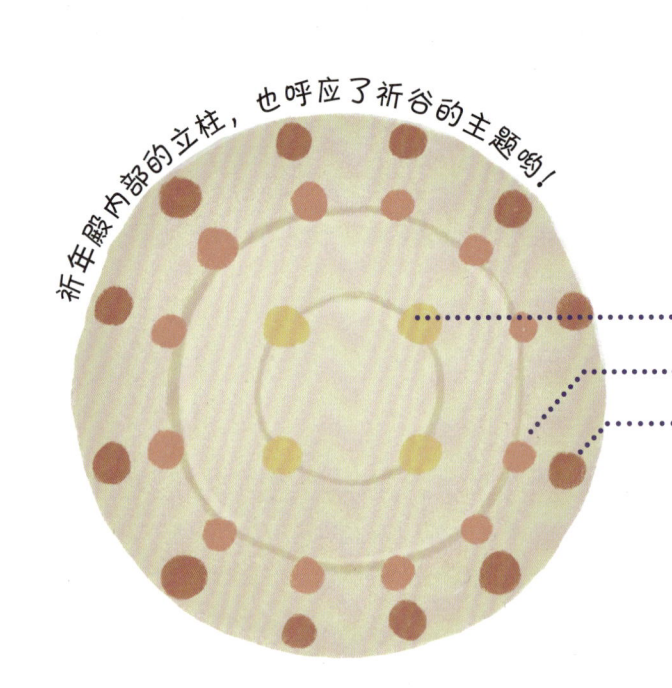

祈年殿内部的立柱，也呼应了祈谷的主题哟！

大殿立柱里外分成三层：
里层是 4 根大柱子，代表一年四季，
中间层 12 根柱子代表一年 12 个月，
外层 12 根柱子代表一天的 12 个时辰。

中间层和外层的柱子加起来，
一共有 24 根，代表一年 24 个节气。

古时用来指导农事

谷雨 4 月 19、20 或 21 日
农民伯伯开始春耕播种。

zhòng
芒种 6 月 5、6 或 7 日
麦子成熟了，农民伯伯一面收割麦子，一面播下将在秋天成熟的黍米，迎来最忙碌的时候。

chǔ
处暑 8 月 22、23 或 24 日
夏天播种的作物熟了，丰收的时刻来临。

立春 2 月 3、4 或 5 日
春天的开始，河面上的冰开始消融，鱼儿在薄冰下游来游去。

zhé
惊蛰 3 月 5、6 或 7 日
打春雷了，小草开始发芽，桃树上的桃花开啦。

立夏 5 月 5、6 或 7 日
夏天的开始，蚯蚓帮着松土，田里的作物茁壮成长。

冬至 12 月 21、22 或 23 日
一年里白天最短，吃饺子的时候到了。

47

# 四合院

北方街巷的通称

大臣和一些普通百姓则住在胡同里，那里有许多方方正正的院子，叫作"四合院"。

轿子是老北京传统的交通工具，一般是官员或者富贵人家出行时使用的，四人以下抬的是"小轿"，八人以上抬的便是"大轿"。

老爷，快到家了。

手里拿着个大大的**拨浪鼓**，边走边摇还边吆喝，吸引着街头巷尾的小孩、妇女都来看货、买货。

扁担

冰糖葫芦儿，葫芦儿冰糖的！

北京的传统小吃，将水果用竹签**串成串儿**，蘸上调好的麦芽糖浆，糖浆遇风迅速变硬，就成了糖葫芦。

**卖货郎**
在老北京各个胡同间走街串巷的流动小贩，他们买卖的东西五花八门，多是一些生活用品、玩具物件。

竹片弯成的**半圆形架子**，上面有许多小孔。

存放用来做糖葫芦的火炉、铁锅、案板、刀铲等工具及**糖、山楂、山药**等原料。

49

后院

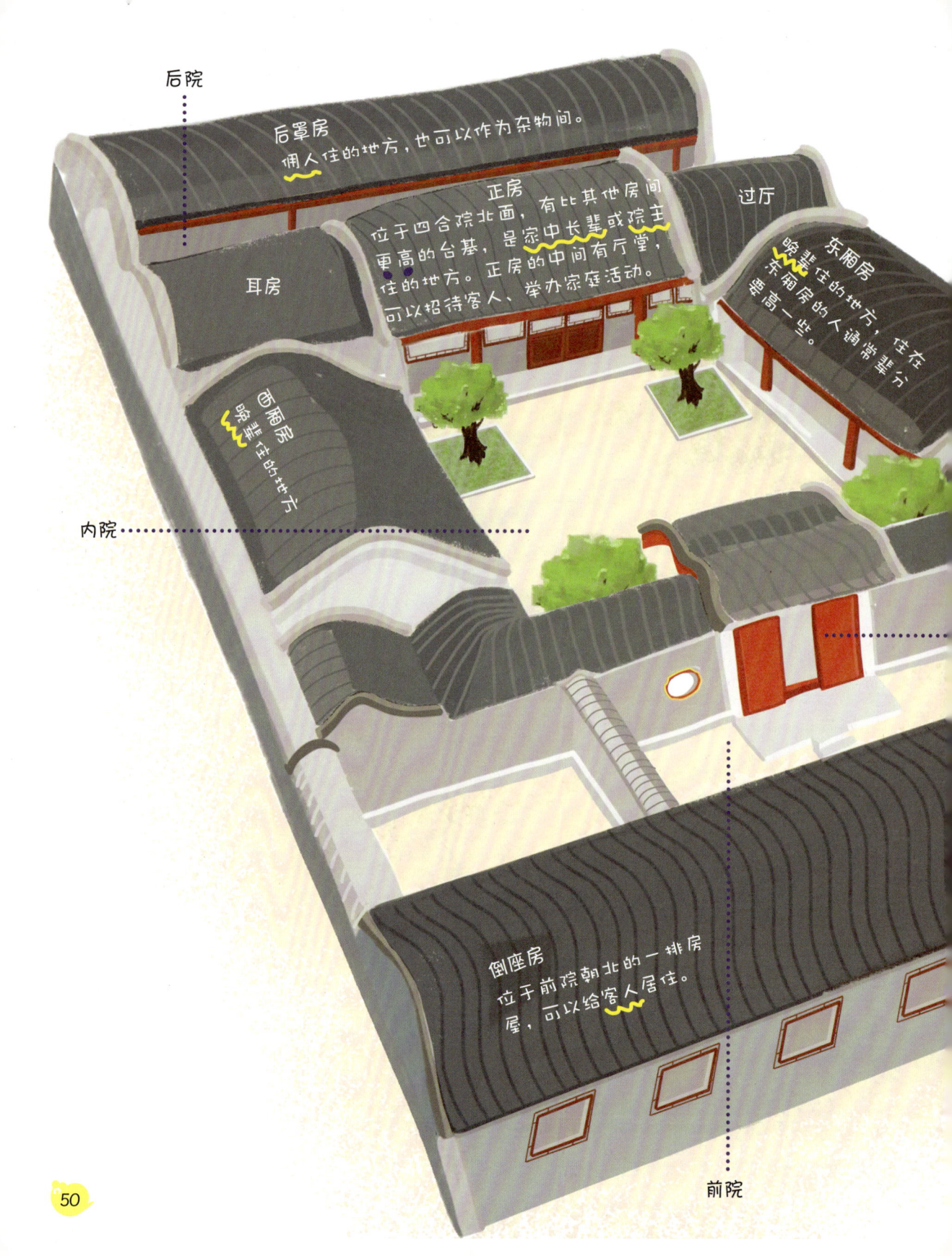

后罩房
佣人住的地方，也可以作为杂物间。

正房
位于四合院北面，有比其他房间更高的台基，是家中长辈或院主住的地方。正房的中间有厅堂，可以招待客人、举办家庭活动。

过厅

耳房

东厢房
晚辈住的地方，住在东厢房的人通常比西厢房的人辈分要高一些。

西厢房
晚辈住的地方

内院

倒座房
位于前院朝北的一排房屋，可以给客人居住。

前院

50

影壁
可以用来遮挡外人的视线，即使敞开大门，外人也看不到屋子里。一般刻有祥瑞图案，旧时人们认为可以阻止鬼魅(mèi)进屋。

老北京羊肉火锅
北京人通常选用清汤锅底，只在汤里加上一根葱、几片姜、一些香料，保证羊肉的原汁原味。再用自己调制的、喜欢的酱料蘸肉，即所谓的"味在碗里"。

二门
屏门
大门

四合院是一种四面都有房子的大院子，看着是不是像缩小版的故宫呢？老北京人喜欢一大家子住在一个四合院里，在中间的大院子里涮涮火锅，别提多惬意了！

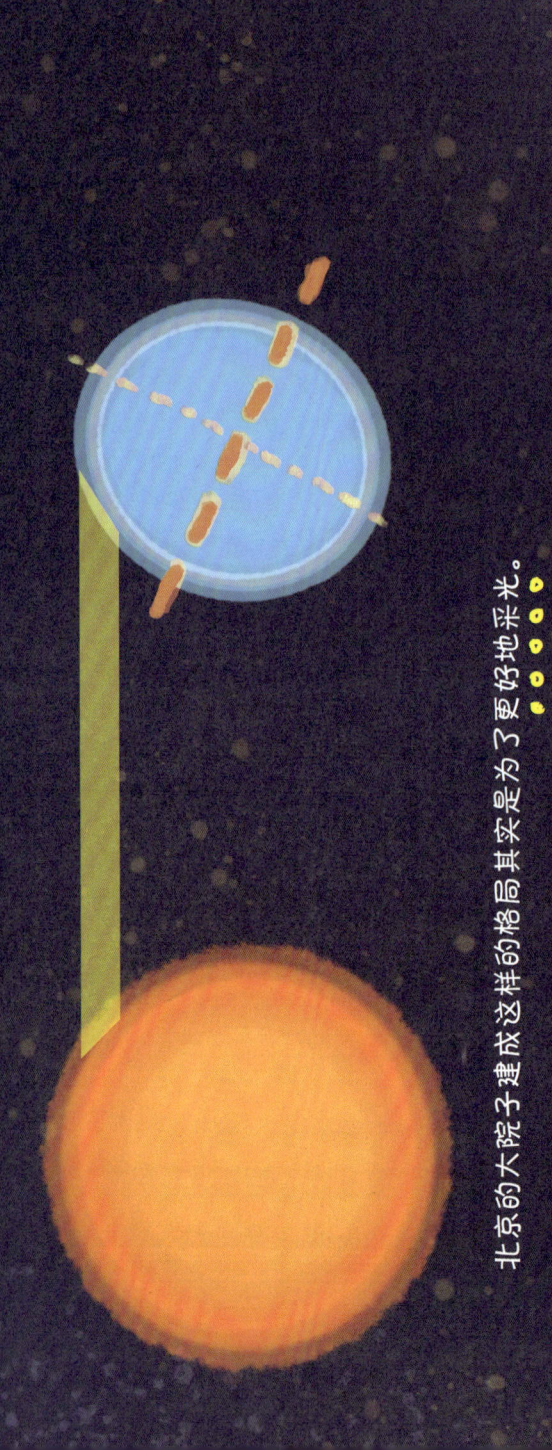

北京的大院子建成这样的格局其实是为了更好地采光。

因为地球是一个有弧度的球体，这就使阳光照在地面上的角度不同。同一束阳光，在北方地区照射在地面上的倾斜度比南方地区更大，更容易被建筑物遮挡产生阴影。

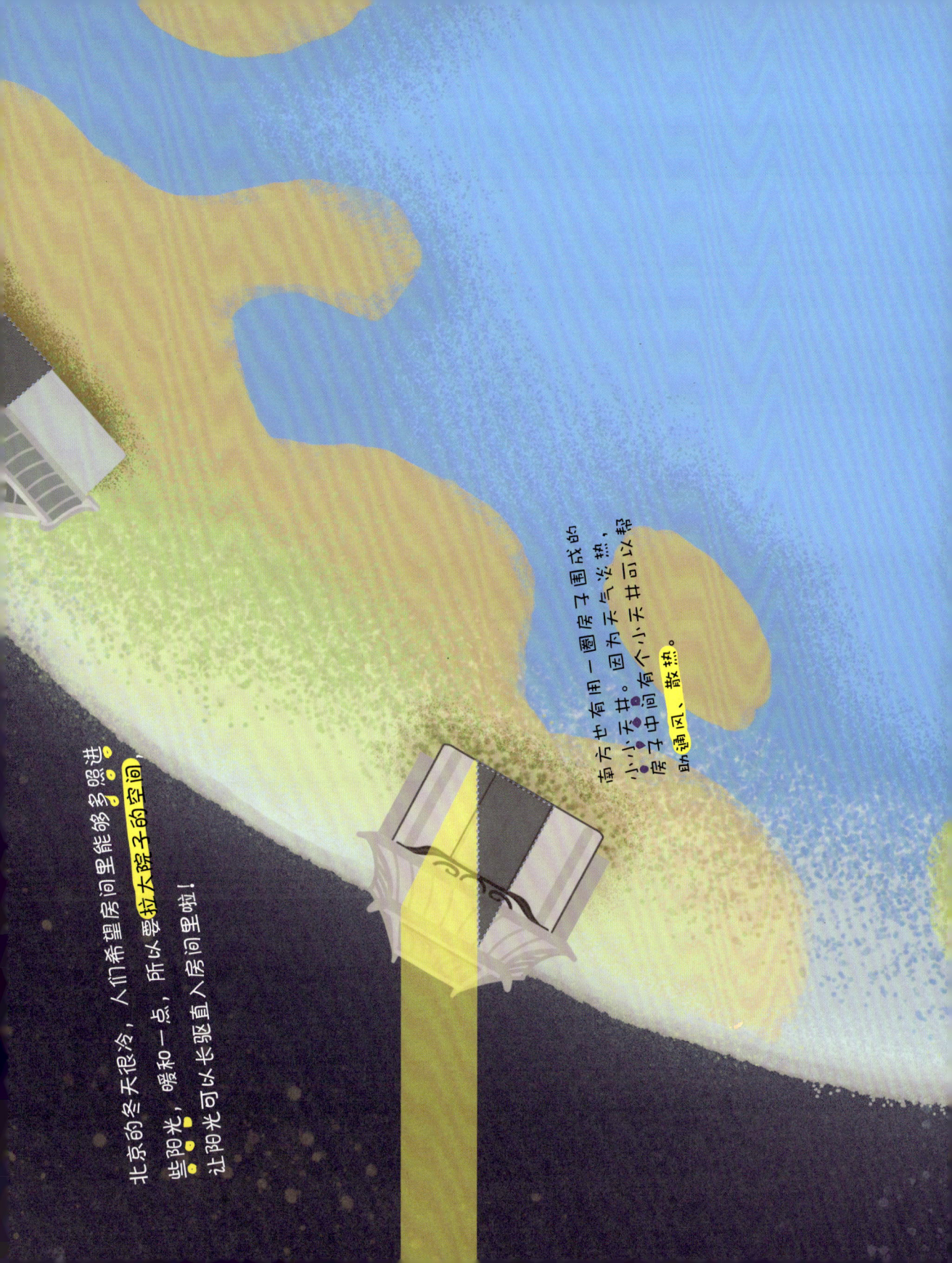

北京的冬天很冷，人们希望房间里能够多照进些阳光，暖和一点，所以要盖大院子的空间，让阳光可以长驱直入房间里啦！

南方也有用一圈房子围成的小小天井。因为小个有天井中间有天井可以帮助通风、散热。

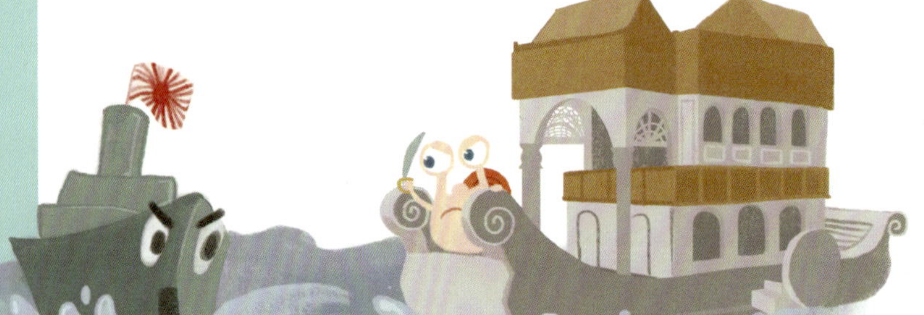

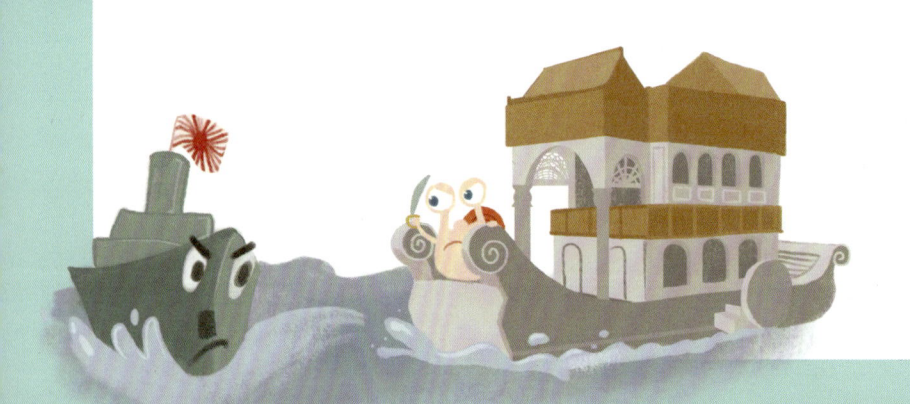

# CHAPTER 03

## 郊区的"大别墅"

清朝的皇帝在北京的郊区砸了很多钱，修建皇家的超级"大别墅"，有恢宏的清漪园，有中西合璧、超级精致的圆明园。清朝皇族只顾着自己享乐，也没有问过交税的民众同不同意！最可恨的是慈禧太后，她为了自己过生日，挪用了海军军费，最后陷国家于危难。

# 圆明园

皇家园林

清朝的皇帝把他们的"大别墅"建在了北京的郊区，其中最大的就是圆明园。圆明园包括圆明园、绮春园、长春园三个园子，是由康熙、雍正、乾隆三代皇帝建造的。

圆明园

意思是拥有君子完美无缺的品德和如明光普照的睿智。

康熙皇帝将郊外的一座小园子赐给自己的第四个儿子胤禛，并给它取名为"圆明园"。

读作"yìn zhēn"，即后来的雍正皇帝。

八面正观外方

《西洋楼透视图铜版画》之方外观正面
现藏于法国国家图书馆

## 方外观

长春园的建筑之一,是乾隆皇帝为容妃修建的一座伊斯兰教清真寺。方外观有着西式的建筑样式、中式的琉璃瓦屋顶,融合了东西方建筑风格。

维吾尔族人,传说她身上有奇特的香气,人们也叫她"香妃"。

爱妃,这是我为你建的方外观!爱妃以后可以在这里祷告!

圆明园中最特别的就是乾隆皇帝让法国传教士设计建造的长春园了,那里全是漂亮的西洋建筑!

狮子头喷水瀑布下面有半圆形七级水盘，可以形成七层水帘。

"水法"，即"水的戏法"，也就是喷泉，对于当时的中国人来说，西洋的喷泉就像魔术一样神奇。

这座**大水法**是乾隆皇帝最满意的作品了！据说这里的喷泉一起喷水时，水声就像山洪暴发，人站在那儿，即使面对面说话都听不清对方的声音，还需要打手势。

### 猎狗逐鹿

水池中心站着一只铜制的梅花鹿，鹿角可以喷射八道水柱。两边排列着十只铜狗，东西两端各有一只卷尾大狗，一起向中间的梅花鹿喷水。

当年皇帝坐在"观水法"上欣赏水的戏法，一定很骄傲！

皇帝观看喷泉的宝座

朕的大水法一定比凡尔赛宫的喷泉更雄伟！

皇帝看喷泉看来也是一件严肃的事儿！

**观水法**的屏风上雕刻了精美的**西洋军旗**、**盔甲**、**刀剑**、**枪炮**等图案，不了解皇帝的人看了，会觉得建造这种屏风的皇帝一定是个超级军事迷，他们国家的武器一定很精良！

可事实上清朝的皇帝真是奇怪透了！他们觉得这些西洋武器是没见过的新鲜玩意儿，仅仅把它们当作争面子的装饰品——他们总觉得自己的国家是天下最强大的国家，什么都有，从不把西方先进的新发明当回事儿。

兵器难道不是用来打仗的吗？这个国家的文明已经不再发展了，甚至有些退步。

巴罗

中国的帆船都那么简陋，跟我们英国海军差得太多了！这些刀、箭怎么打得过我们精准的火炮呢？

他们的官员只知道有大清国，地图也画得乱七八糟的，连我们的英吉利都不知道在哪儿。

当时，英国派遣马戛尔尼使节团来到中国，他们对想象中强盛的中国大失所望。

斯当东　　马戛尔尼

1856年，英国和法国联合发动了侵略清朝的第二次鸦片战争。清朝的武器比不上英法联军。上到咸丰皇帝，下到官员也大多毫无斗志，不是临阵脱逃，就是主张赔款议和。

> 这些铜像由特殊的合金铜制成，即使在潮湿的环境下、历经多年也不会生锈。1860年，它们被英法联军悉数夺走，至今也未全部寻回。

猪首
现藏于北京保利艺术博物馆

鸡首
下落不明

羊首
下落不明

蛇首
下落不明

兔首
现藏于中国国家博物馆

牛首
现藏于北京保利艺术博物馆

海晏堂前十二生肖兽首铜像喷泉

12座铜像雕刻得非常细腻逼真，还会在每个时辰轮流喷水。

1860年，英法联军攻入北京，像强盗一般闯入圆明园，夺走了我们无数珍宝。

鼠首
现藏于中国国家博物馆

虎首
现藏于北京保利艺术博物馆

龙首
据说在中国台湾，但是还未正式现身

马首
2007年，何鸿燊以近6910万港元购得并捐赠给了国家

猴首
现藏于北京保利艺术博物馆

犬首
下落不明

他们满揣着可以带走的宝物，将拿不下的、带不走的付之一炬，300多名宫女、太监和工匠在这里被活活烧死。

这座与希腊巴特农神庙、埃及金字塔、意大利古罗马竞技场、法国巴黎圣母院齐名的圆明园，最终毁在英法联军的手里。

> 我希望有朝一日，法兰西铲除污垢解放后，会把这份战利品归还给被掠夺的中国，那才是真正的物主。现在，我证实，发生了一次偷窃，有两名窃贼！

雨果得知英法联军火烧圆明园，非常气愤，专门写了一篇文章批判英法联军的暴行。

# LE WOLLEDGE,
## JOURNAL LITTERAIRE.

请您想象有一座言语无法形容的建筑，某种恍若月宫的建筑，这就是圆明园……两个来自欧洲的强盗闯进了圆明园。一个强盗洗劫财物，另一个强盗在放火。

**额尔金**
英国驻华公使

《就英法联军远征中国给巴特勒上尉的信》 雨果

# LETTRE AU CAPITAINE BUTLER

65

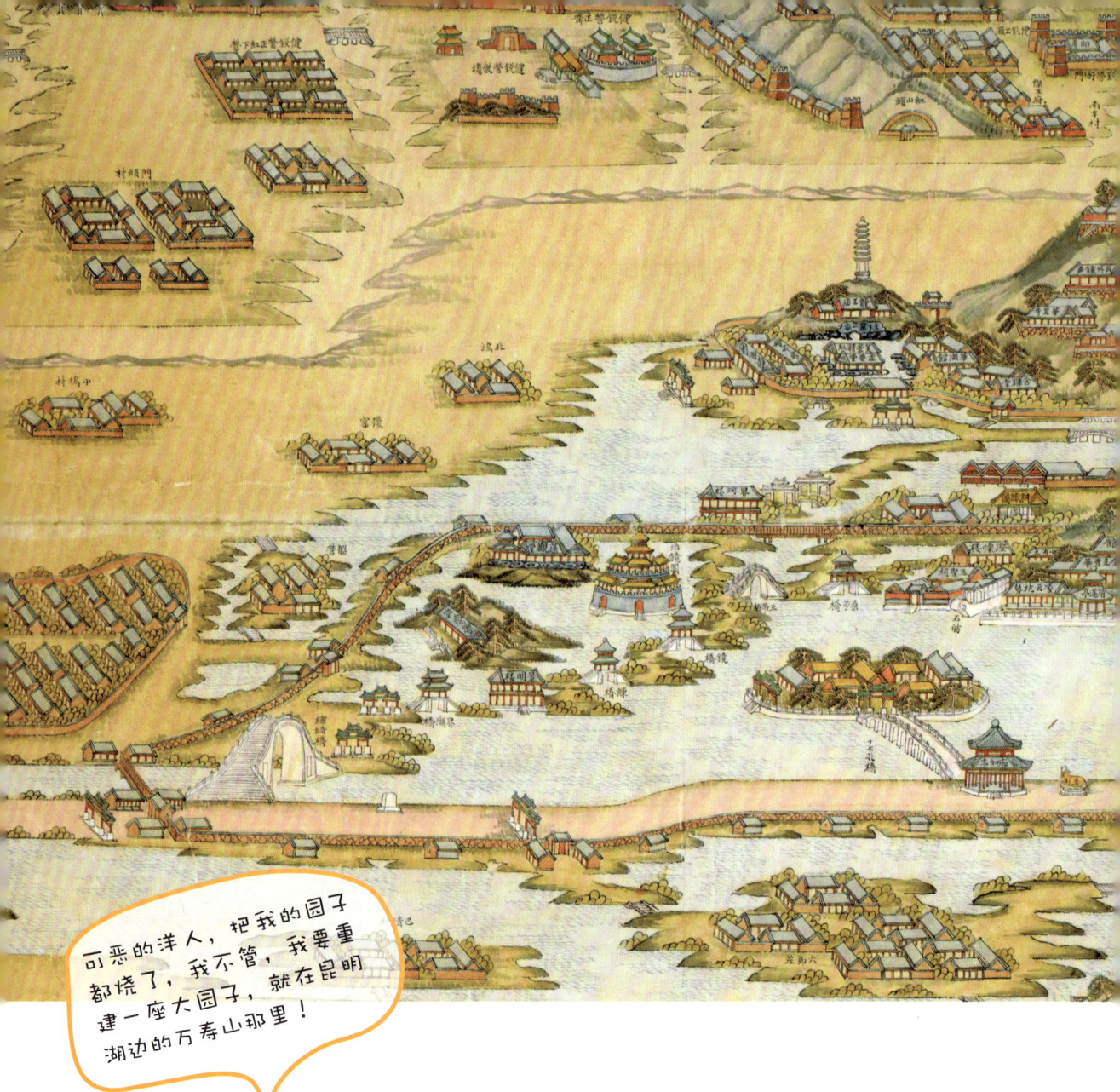

可恶的洋人，把我的园子都烧了，我不管，我要重建一座大园子，就在昆明湖边的万寿山那里！

# 颐和园

乾隆皇帝为庆祝母亲生日修建的。

圆明园旁的清漪园当时也被烧毁了，但它似乎幸运得多，因为没过多久这座皇家园林就被重建了，还得了一个我们熟悉的新名字——颐和园。

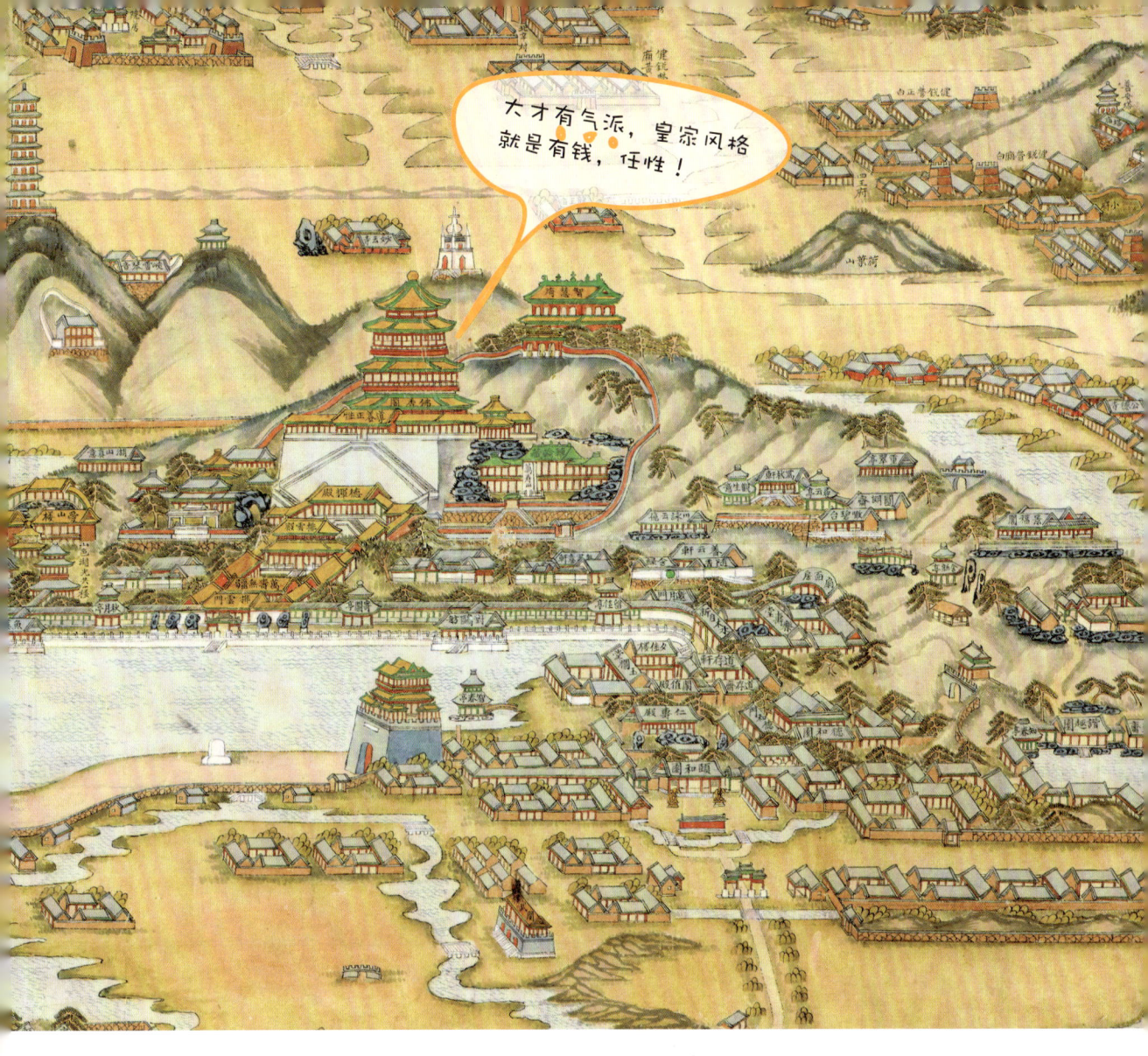

《北京颐和园八旗兵营图》（局部）

现藏于美国国会图书馆

江南园林

这一切，只是因为**慈禧太后**想要一个园子颐养天年，并且她**60岁的生日**快到了。

"颐和"即"颐养冲和"。

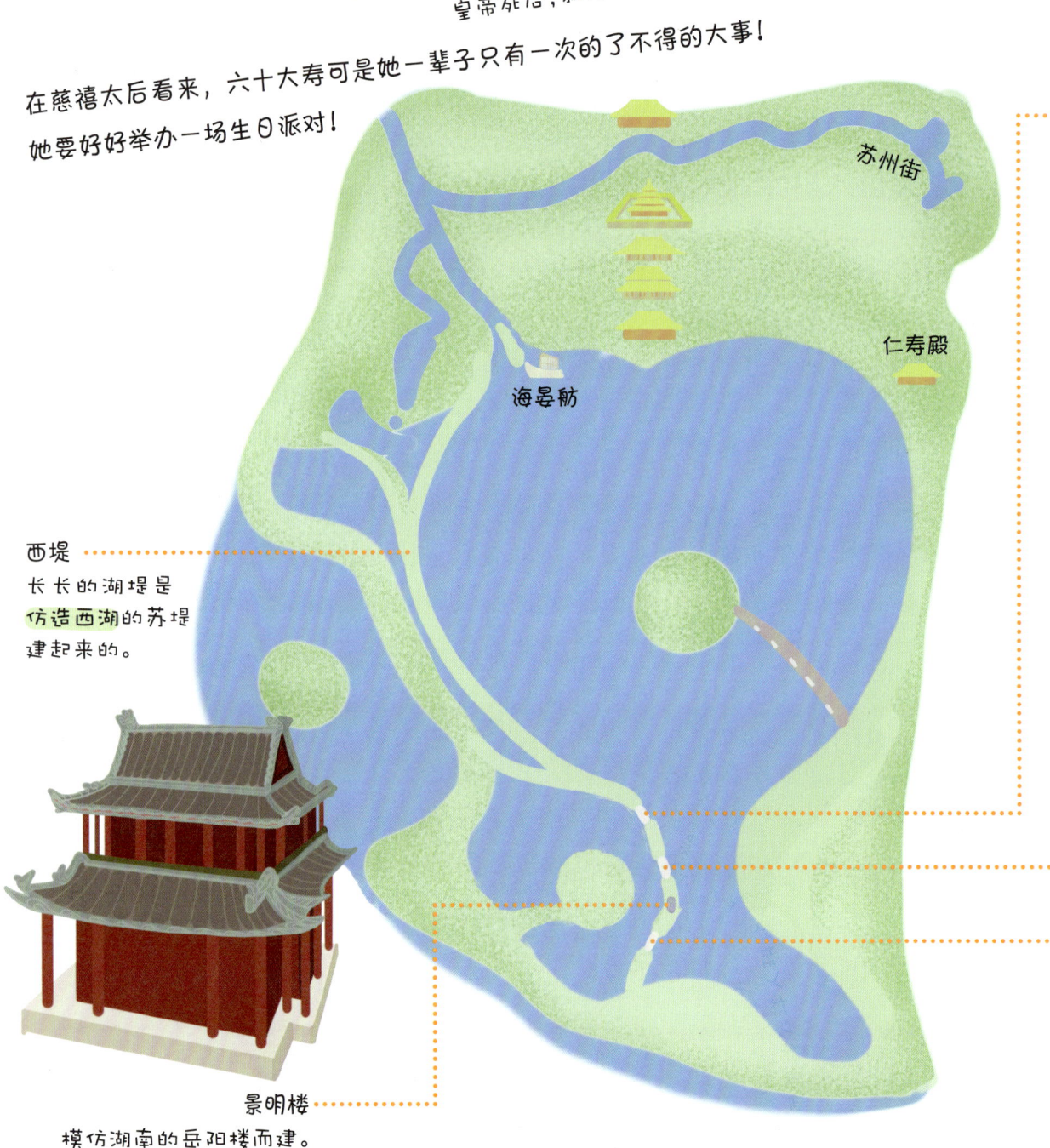

咸丰皇帝的贵妃，咸丰皇帝死后，就升为太后。

在慈禧太后看来，六十大寿可是她一辈子只有一次的了不得的大事！她要好好举办一场生日派对！

苏州街

仁寿殿

海晏舫

西堤
长长的湖堤是仿造西湖的苏堤建起来的。

景明楼
模仿湖南的岳阳楼而建。

派对的地点，非清漪园莫属。
看！这园子里的人工湖都建成了一个大桃子的样子，祝福太后万寿无疆！

镜桥

练桥

柳桥

乾隆爷花了448万两白银为他的母后建了清漪园祝寿，光绪皇帝为我花点钱改建下园子助兴，没毛病吧！

老佛爷说的极是！

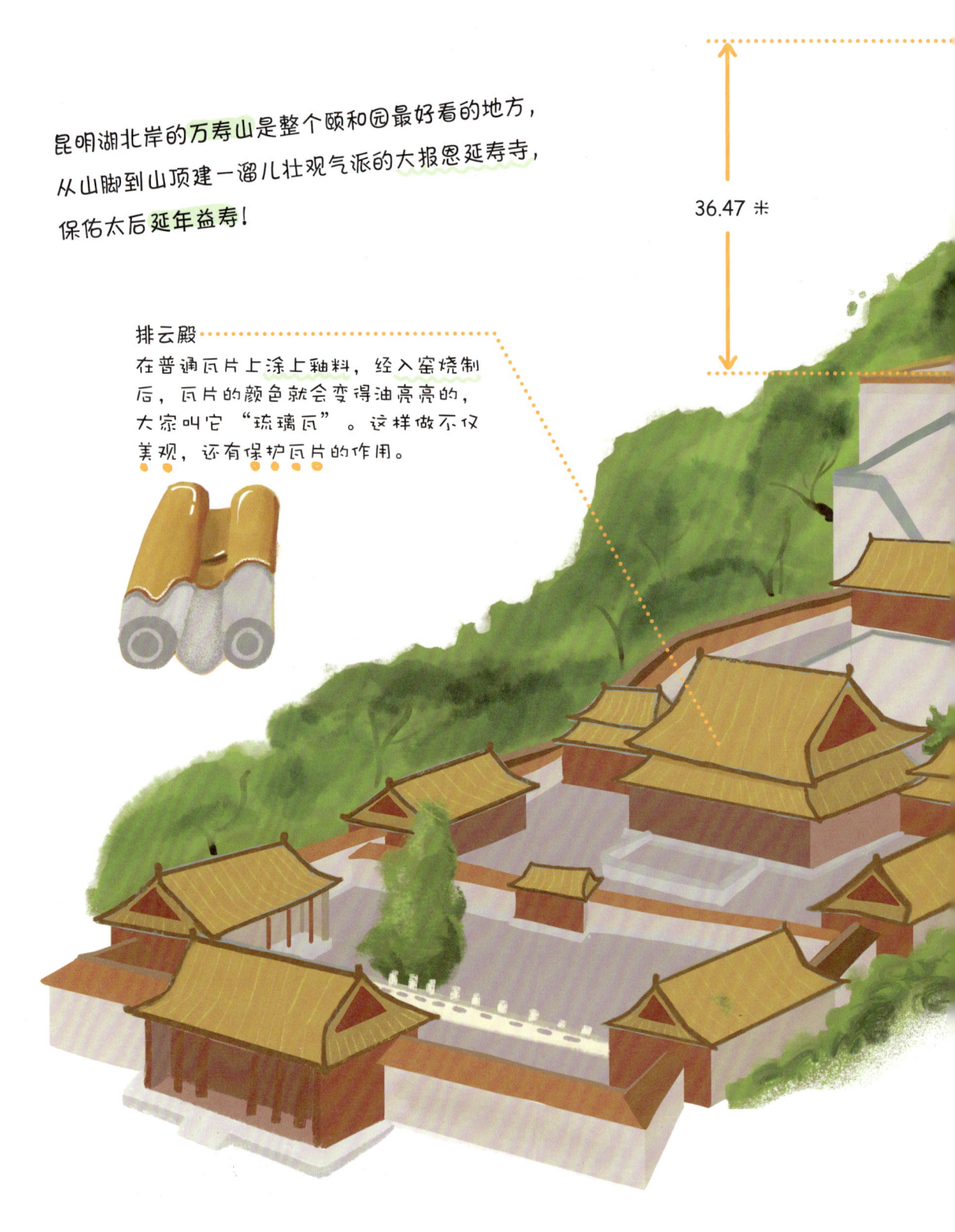

昆明湖北岸的**万寿山**是整个颐和园最好看的地方，从山脚到山顶建一溜儿壮观气派的大报恩延寿寺，保佑太后**延年益寿**！

36.47 米

**排云殿**
在普通瓦片上涂上釉料，经入窑烧制后，瓦片的颜色就会变得油亮亮的，大家叫它"琉璃瓦"。这样做不仅美观，还有保护瓦片的作用。

**佛香阁**

柱形四重檐八面体佛塔，是颐和园中最高的建筑，也是整个颐和园的中心。色彩斑斓的斗拱在阳光下熠熠生辉，十分好看。

**五彩单昂单翘斗拱**

起初用来承托屋顶或者横梁，既实用又好看，后来人们就干脆把它做成结构复杂、颜色鲜艳的装饰品了。

升

斗

昂　翘　　　拱

一条后溪河把昆明湖的水引到了万寿山，河两边是模仿江南风光建起的街道，名叫"苏州街"。街上、店铺里的人大多是由皇宫的太监、侍卫、宫女假扮的，为的是让皇帝体验一把宫外普通百姓的生活。

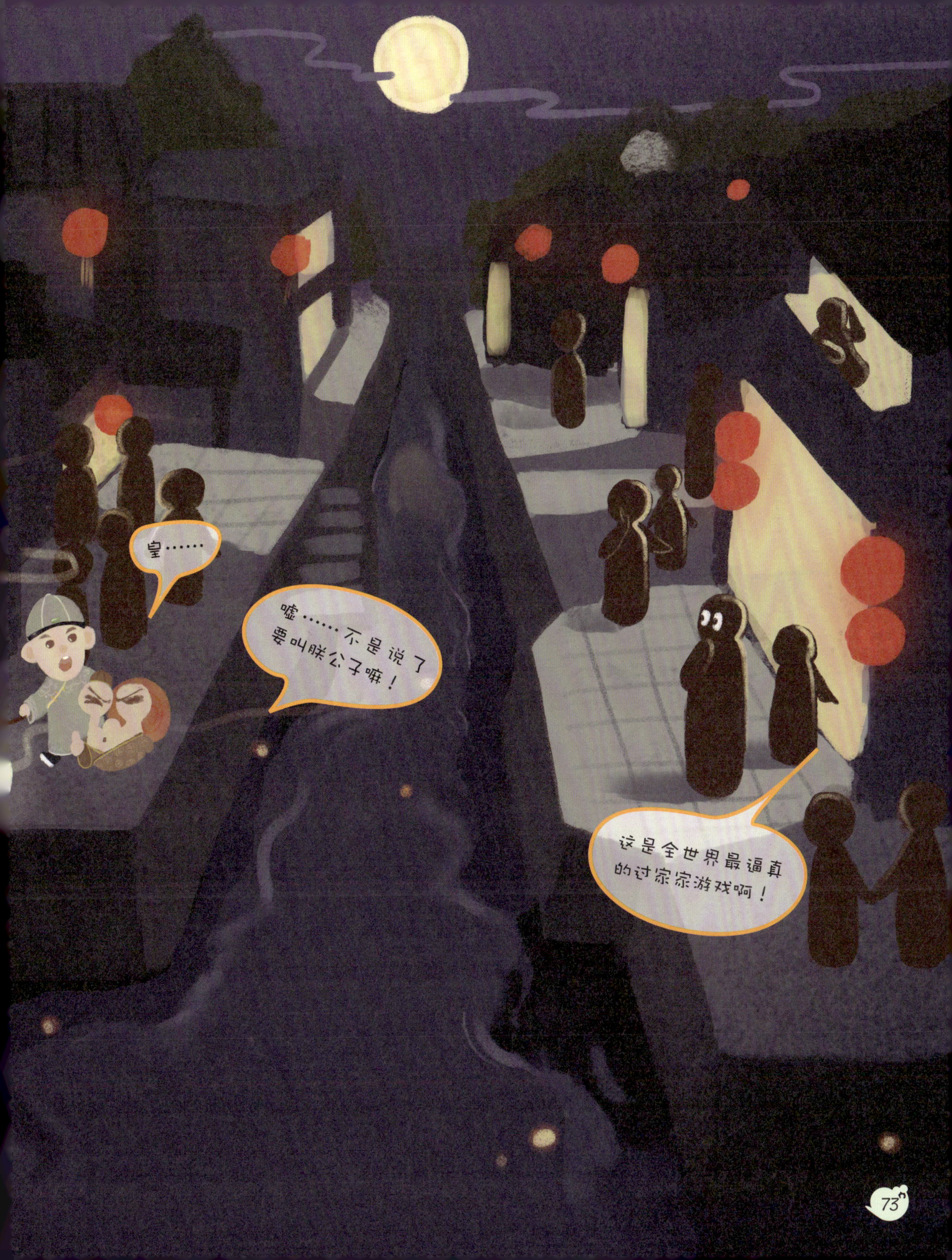
皇……
嘘……不是说了要叫朕公子嘛！
这是全世界最逼真的过家家游戏啊！

重建这座生日派对"皇家别墅"当然要花很多很多钱，为了能修建颐和园，囊中羞涩的慈禧太后挪用了海军军费约千万两白银——这本来是用来添置保卫国家、保卫人民安全的军舰的呀！

凤姐，你站错位了吧？

龙弟，现在可是老佛爷的天下！

我的位置比凤姐更中心，但我 1937 年才从圆明园遗址过来。

颐和园建成后，慈禧和光绪搬进了颐和园，园子里的这座仁寿殿就是专门用来朝见大臣和接待外国使节的场所。

象征皇后或太后的凤比象征皇帝的龙站得更中间，占据了更重要的位置，这暗示大清的实际掌权者是慈禧太后。

颐和园建成后，慈禧太后在昆明湖上装模作样地训练"大清水师"，她还在昆明湖上造了一座石舫，说是石头造的船永远不会沉没，就像大清的江山永远稳固。这难道不是自欺欺人吗？

"军队"的意思，"水师"即海军。

海晏舫
这艘石头做的"船"叫作"海晏舫"。"海晏"即"大海平静",有天下太平、安康的意思。

不久之后，中国和日本爆发了 甲午战争，由于清军装备落后，战备不足，军政腐败，结果一败涂地。清政府被要求赔给日本2亿两白银，并割让了台湾岛。

"吉野"舰
"吉野"舰是当时最先进的军舰，制造它的英国人本打算将它卖给清朝，但因为清朝没钱，最后被日本买走了，结果成为日本与中国作战的主力舰。

快打过去！回击呀！

不行，我们肚子里没有火药，是沙子，打不过去的。

因为没有军费，清朝的军舰上装备的弹药本来就少，还多是粗制滥造的炮弹。

"致远"舰

炮弹打光的"致远"舰全速冲向"吉野"舰,希望破釜沉舟,将"吉野"舰撞沉,但最后还是被鱼雷击中,在"吉野"舰跟前沉没了。

就不能宽限吗?台湾已经是你们碗里的肉了,吃它也不急在这一时嘛。

今年之内,你们一定要把台湾交给我们。

那可不行,肉还没吃到肚子里呢,饿得厉害。

陆奥宗光
日本外交大臣

伊藤博文
日本首相

李鸿章
清朝谈判代表

甲午战争后，许多中国人开始思考怎样才能救中国，当时在北京参加科举考试的康有为联合上千名考生，一起**给光绪皇帝写信**，希望皇帝拒绝日本的无理要求，并改革国家，改变中国落后的状况。

中国古代选拔官员的考试，只要通过了就能当官。详见《跟着 Wolly 游西安》第 32 页。

> 只要我们团结起来，让朝廷推行改革，大清一定会有救的！

> 朕决定了，一定要改变中国！

> 陛下必须办好教育，培养能适应今天的人才。

三年后，**光绪皇帝创办了京师大学堂**，以学习现代科学、培养适应时代发展的人才为目标。这所学堂就是我国现在最好的大学之一——北京大学的前身。

# 北京大学

这是毛主席的字呢！

我以后也要到这里学习。

这所大学的诞生和我们国家一段屈辱的历史有很大的关系。

**京师大学堂**和清朝传统的学校教授的内容可不同，在这里学习的学生，可以学到经学、政法、文学、医科、格致（理科）、农科、工科、商科等很多科目。

大學堂

北京大学前身

管学大臣
相当于教育部部长和大学堂校长，官级一品。

## 國子監

以前，我们国家最好的学校是国子监，其教授的都是古代的**经典文章**！

国子监的学生每年会有一次很大的考试，成绩合格才能去学更深的学问。顺利的话学习六年可以毕业，毕业之后可以当官。

- 论语
- 孟子
- 尔雅
- 孝经
- 穀梁传
- 公羊传
- 左传
- 易经
- 仪礼
- 礼记
- 周礼
- 尚书
- 诗经

**国子监祭酒**
相当于国子监校长，官级四品。

礼 礼仪

乐 音乐

射 射箭

其实在三千年前,我们的学校在世界上是很先进的。当时贵族的孩子要学习礼、乐、射、御、书、数六种课程,既有文化课,又有体育课,还有艺术课,学校培养的也是德、智、体、美全面发展的人才!

被称为"六艺"

御 驾车

书 文字书法

数 算数

> 有意思的课必须要有好的教科书。

孔子

孔子为六艺课程整理了用于教学的教科书，由此开创了儒家学派，而这些教科书后来就被称作"经"。

人们在孔子的基础上继续整理，最后划定了十三部书，就是"十三经"。在中国古代，学好这些书，就有可能通过国家的科举考试，成为官员，走上人生巅峰。

> 你读了那么多年书，怎么还没考上功名呀？

> 多乎哉？不多也。

可是到了明清时期，读书好像变味了，国家选拔官员就只考读书人对古人经典文章的理解。读书人整日死记硬背几百几千年前古人的文章，不顺应时下的社会变化，不关注科学，从而变得越来越迂腐。

1912年清朝灭亡后，京师大学堂改名为 **国立北京大学**，培养了许多有思想、有创造力的学生，是他们引领中国重新崛起！

新文学必须抛弃旧时的文言文，使用白话文。

胡适
北京大学老师，后任教务长

星星之火，可以燎原。

真正的猛士就是要敢于直面惨淡的人生。

毛泽东
北京大学旁听生，图书馆工作人员

鲁迅
北京大学老师

青年对于社会，就像新鲜活泼的细胞对于人身。

这是庶民的胜利。

李大钊
中国共产党创始人之一，北京大学图书馆主任

陈独秀
中国共产党创始人之一，北京大学文科学长（系主任）

> 坚决反对中国代表团在和约上签字！

> 我们绝对不能同意将山东权益交给日本！

**岛青我还**

人民英雄纪念碑基座上的五四运动浮雕

> 高等学校是国家文化的代表，就是要"思想自由，兼容并包"。

**蔡元培**
中国著名教育家，北京大学校长

1919年，当日本试图再次侵占中国的权益时，包括北京大学在内的13所学校的学生，在 5月4日 那天游行反抗，获得成功。

这就是五四运动。目的是让在巴黎开会的中国代表团拒绝在损害山东权益的条约上签字，坚决反对把山东划为日本的势力范围。

# CHAPTER 04

## 不止是古都

别总是提过去的事儿,现在的北京可和以前不一样了!中国国家大剧院、冬奥会场馆群、中关村……如今的北京,已经成为中国的政治中心、文化中心、国际交往中心、科技创新中心了呢。

# 双奥之城

如果说 2008 年北京奥运会圆了中国的 **百年奥运梦**，那么 2022 年北京冬奥会的举办，使北京成为目前世界上唯一的"双奥之城"！

**100 年前**
经欧洲人的介绍，中国人了解到了奥林匹克运动，那时的中国国力很衰弱，国民的身体也很差，常常被外国人嘲笑是"东亚病夫"。

**2000 年 悉尼奥运会**
中国代表团以 28 金、16 银、15 铜的成绩名列奖牌榜第三位，首次进入世界三强。

当时西方传教士办的一本杂志，上面有关于 1908 年伦敦奥运会的报道。

中国人何时参加奥运会？
中国人何时能赢得奥运金牌？
中国人何时举办奥运会？

许海峰

**1932 年 洛杉矶奥运会**
赛场上第一次出现中国人的身影，刘长春参加了奥运短跑比赛。

**1984 年 洛杉矶奥运会**
中国队获得第一块奥运金牌，以 15 金、8 银、9 铜位列奖牌榜第四，从此再也没有人敢说中国人是"东亚病夫"了。

**2004 年 雅典奥运会**
奥林匹克运动回到了它的发源地，中国队以 32 金、17 银、14 铜位列奖牌榜第二，仅次于美国。

**2022 年 北京冬奥会**
中国队以 9 金、4 银、2 铜位列奖牌榜第三，金牌数和奖牌数都创下历史新高。

北京欢迎你！

Welcome to Beijing!

Beijing excipit vos！

**2001 年 北京申奥成功**
40 万市民聚在天安门广场狂欢。

**2008 年 北京奥运会**
中国队以 48 金、22 银、30 铜共 100 枚奖牌的成绩登上了奖牌榜首位，成为首个登上奖牌榜榜首的亚洲国家。

奥林匹克运动会起源于两千多年前的古希腊。传说在奥林匹斯山上住着主宰宇宙的大神**宙斯**，而运动会就是一场向宙斯献礼的祭典。

不行！圣火来了，我要去参加运动会，不然就在竞技场里比一场吧。

来痛快地打一架吧！

标枪

当要准备召开运动会时，就会有人手持来自奥林匹斯山上的圣火，跑遍古希腊的每个城市。

大家这么喜欢冰雪运动，为何不单独举办冬季奥运会呢？

现代奥运会创始人**顾拜旦**

CHAMONIX

1924年，这一建议得以实现，在法国的夏蒙尼举行了第一届冬奥会。

人们看到圣火跑者，就会立刻开始准备参加运动会，即便是在战争中，交战双方也会马上休战，所以奥林匹克也是和平的象征。

铁饼

跳远

冬季时，欧洲有些国家到处被冰雪覆盖，人们只能通过滑雪出行。

这速度和飞一样，这下子我的百米跑就不愁了！

慢慢的便发展出了很多的冰雪运动，并迅速流行开来。

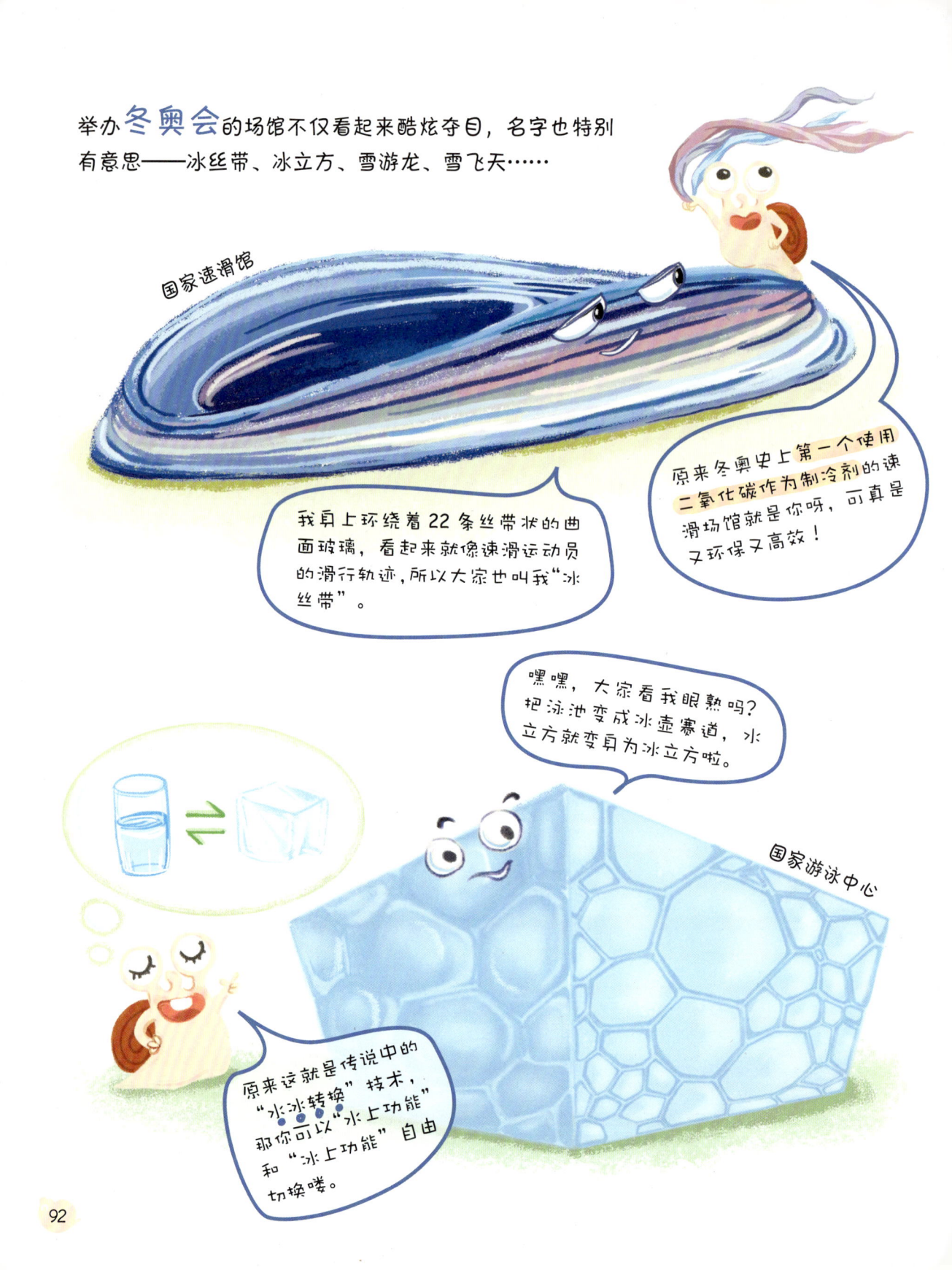

举办**冬奥会**的场馆不仅看起来酷炫夺目,名字也特别有意思——冰丝带、冰立方、雪游龙、雪飞天……

国家速滑馆

我身上环绕着22条丝带状的曲面玻璃,看起来就像速滑运动员的滑行轨迹,所以大家也叫我"冰丝带"。

原来冬奥史上第一个使用二氧化碳作为制冷剂的速滑场馆就是你呀,可真是又环保又高效!

嘿嘿,大家看我眼熟吗?把泳池变成冰壶赛道,水立方就变身为冰立方啦。

国家游泳中心

原来这就是传说中的"水冰转换"技术,那你可以"水上功能"和"冰上功能"自由切换喽。

看我像不像一条雪中巨龙，我的赛道长达 1975 米呢。

屋面使用了天然材质瓦片，像"龙鳞"一样的皮肤遮阳又节能。

国家雪车雪橇中心

听说比赛结束后，雪飞天这个场地还能够举办演唱会、发布会，简直太赞了！

敦煌壁画中的传统飞天是我灵动造型的源泉，看单板和自由式滑雪大跳台的比赛就得来我这儿。

首钢滑雪大跳台

# 吉祥物

超能量的冰晶外壳

冰雪运动头盔上有"冰丝带"的彩色光环

一起向未来！

快看我的冰墩墩宇航员装扮，是不是科技感十足？

冰墩墩
Bing Dwen Dwen

看，冰墩墩正在赛场上参与冰雪运动比赛呢。

冰壶 ●

冰球 ●

花样滑冰 ●

滑雪 ●

（请为冰墩墩连线上正确的运动名称。）

光学天象厅里有一块半球形的幕布，能够模拟出许多天文现象。

# 北京天文馆

现在的北京，有很多帮助人们了解世界、了解科学的场馆。比如，在北京天文馆，你可以发现星星和月亮的奥秘！

在天文馆半球形的光学天象厅里，抬眼就能看见科学家们借助天象仪展现的星辰璀璨的星空，仿佛飞入真正的宇宙一般。

月食？！这是不祥之兆呀，一定是国家执法有失公允！

月食难道不是因为地球挡住太阳照在月亮上的光形成的吗？

天狗吃月亮了！快来赶跑它，不然我们就要永远陷入黑夜啦！

北京有一座明朝时修建的观象台，它已经有500多年的历史，是世界上最古老的天文台之一。

可千万不要小看天上这 9000 多颗一闪一闪会发光的小星星哦，其实，它们中的绝大多数都是和太阳一样大的恒星——宇宙中只有恒星会自己发光。

> 只是它们可能在比太阳还要远很多的地方，所以看上去很小。

> 献上我热情的拥抱！

> 不要过来啊！你实在太烫啦！

太阳是一颗恒星，它有 34 万个地球那么大，它身上每时每刻都发生着核反应，一秒释放的能量差不多是 920 亿枚百万吨级的氢弹爆炸所产生的能量，所以太阳才会发光发热。

地球是颗行星，地球本身不会发光，从外太空看地球往往只有半边是亮亮的，那亮亮的部分就是被太阳光照到的部分，也就是我们的白天。

月亮是颗卫星，是比行星还小的星球，它绕着地球转圈，也不会自己发光，我们看到亮亮的月亮，其实也是月亮上被太阳光照到的部分。

恒星们往往又大又重，可以吸引一堆星星绕着自己转。

世界上任何两个物体之间都会相互吸引，物体的质量越大，这股吸引的力量就越强，这就叫作"万有引力"！

我们能够站在地球上不飞出去，就是因为地球吸引着我们！

**牛顿**
英国著名物理学家，万有引力定律的发现者。

**天王星与海王星**
天王星和海王星在形态和运行轨迹上都十分相似,所以天文学家把它们称为"姊妹星"。

**冥王星**
冥王星是原来的第九大行星,但因为质量实在太小了,比月球还要小,在2006年时被科学家降为矮行星。

**土星**
土星的周围有一圈行星光环,看起来就像戴着顶"草帽"。

**木星**
木星是太阳系中最大的行星,质量是地球的318倍。

我把你们当亲哥,你们把我当表弟呀!

我怎么可以那么帅。

那是因为我帅。

你该减肥了,都挡着我晒太阳了!

你都戴着草帽呢,晒什么太阳。

我们的**太阳系**中，太阳正吸引着八大行星每时每刻都绕着它转呢！行星们除了会绕着太阳转（公转），也会自己原地转（自转），在时间上，我们把行星绕太阳转一圈称作"一年"，把行星自己转一圈称作"一天"。

> 像我这么厉害的，宇宙里还有两千多亿个。

太阳

> 为什么叫我水星，是因为缺啥补啥吗？

> 天天都过年，天天都领压岁钱。

> 我是同步率高，不是面瘫！

> 最近三哥好像对我很有意思。

**水星**
水星是距离太阳最近的行星，靠近太阳一面的温度有400多摄氏度，不可能存在水。

**金星**
金星公转一周需要224.7天，自转一周需要243天，所以金星上的一"天"比一"年"还要长。

**地球**
地球是我们的家园，是目前已知的星体中唯一一个拥有生命的星球。

**月球**
月球绕地球公转一周的时间和它自转一周的时间一样，都需要27.322天，所以月球永远以同一边朝向地球。

**火星**
20世纪以来，人类多次对火星进行探测活动，它是人类发射探测器最多的行星。

101

# 中国尊

央视总部大楼
234 米，2012 年建成。

"我曾是北京最高的高楼！"

"光高是没用的，要造型酷炫才能让人印象深刻。"

国贸三期主塔楼
330 米，2010 年全面建成。

"如果不是长安街限高，我一定能长得更高！"

"要稳居北京最高楼太难了。你看，对面那幢已经被取代了！"

"大哥，您已经是长安街上最高的楼了，知足吧。"

银泰中心主楼
249.9 米，2008 年建成。

据北京城市规划要求长安街路边的建筑高度不能超过 250 米。

我是主角，
又高又帅！

中国尊
528米，2019年建成。

在最繁华的建国门附近，有一块地方是很多摩天大楼"争奇斗艳"的"舞台"。

2019年，一座全新的建筑——中国尊，成了这里的新主角！

为了让高楼又酷又安全，建筑设计师们需要解决很多很多的难题，其中最重要的就是如何抵抗地震。

103

或许是因为处于祖国强大的"心脏",北京感受到的"脉搏"也很强烈——
**北京处在地震频发的地带。**

1976年7月28日凌晨,在北京附近的河北省唐山市发生了几百年一遇的里氏7.8级特大地震,地震持续23秒,造成24万多人死亡,16万多人重伤。

每上升1级,地震的威力就会增加超过30倍。

呀!呀!要断了,要断了!

水平位移1.53米

垂直位移了0.7米

地震中大地的挤压形成了长达8000米的断层!

当时大半个中国都能感觉到大地在颤抖,地震对唐山及周边的天津、北京分别造成11度、9度和7度烈度的影响!

**地震烈度**

衡量一个地方受地震的影响程度的标准。烈度级数共有12度,度数越高,表明受灾的程度越大,达到8度时部分房屋会倒塌,如果达到10度以上,那就真是"天崩地裂"了。

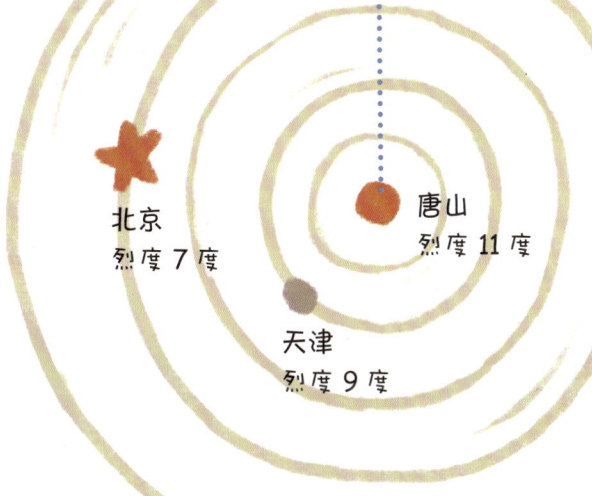

北京 烈度7度

唐山 烈度11度

天津 烈度9度

为了防止不期而遇的特大地震,大部分在北京建造的房子都被要求**抗震设防烈度**必须达到8度以上!这对于建造500米以上的摩天大楼来说,可是不小的挑战!

我是北京第一座突破500米的超高层建筑哦！安全可靠，稳重大气！

横空出世的中国尊建筑高度达到528米！比之前北京第一高楼——330米的国贸三期主塔楼高了近200米！

中国尊的自信，来自这一建筑独特的**外观形态**和精心设计的**内部结构**。

大楼的四个转角都做了圆弧处理，最大限度地减小了高处的大风对大楼的磨损。

108层

地下还有7层地下空间（不含夹层），深40米，就像大树的根一样，牢牢地扎进土里。

中国尊的整体结构由外框筒和核心筒两部分构成。

外框筒像辅助的支架一样，分担着大楼的压力。

扶着外部的支架，你们可以更稳当！

核心筒由高强度的钢筋混凝土构成，就像是稳定的支柱支撑着大楼。

中国尊的造型灵感来源于商代一种重要的盛酒礼器——**青铜尊**。这一设计不仅使整个建筑有了一种尊贵、权威的文化感，而且有效地**降低了建筑的重心**，使建筑变得更加稳固。

# 中国国家大剧院

中国国家大剧院是国家级表演艺术的最高殿堂，在这里，你既可以看到西方唯美的歌剧、音乐剧，也能欣赏到中国原汁原味的 **京剧**。

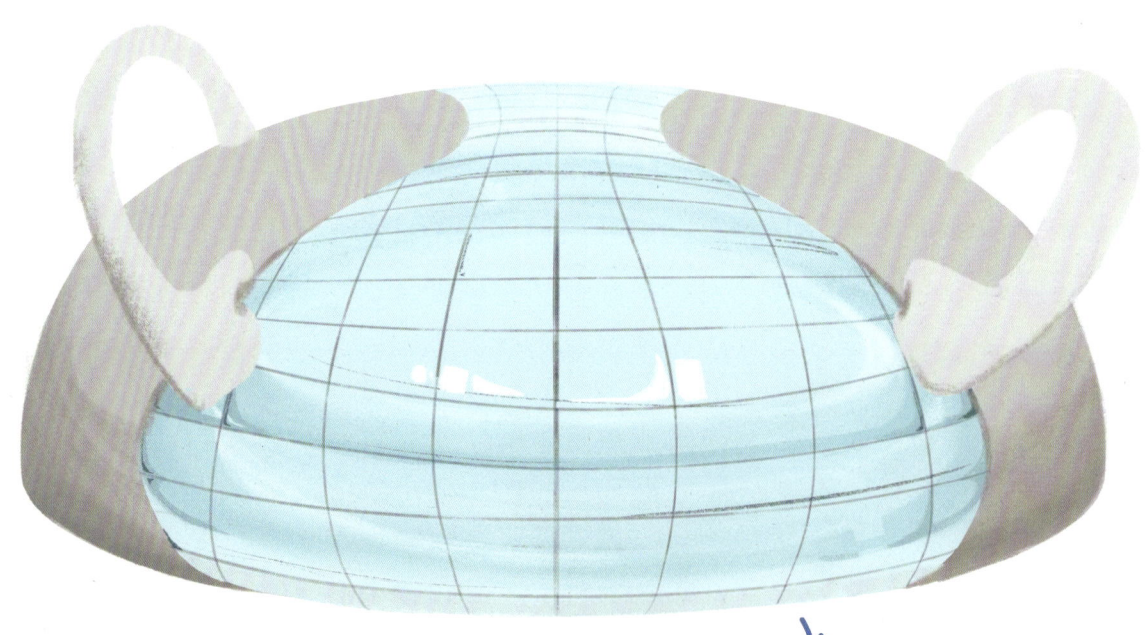

钢板和玻璃板组合的屋顶，看起来就像是舞台上拉开的帷幕。

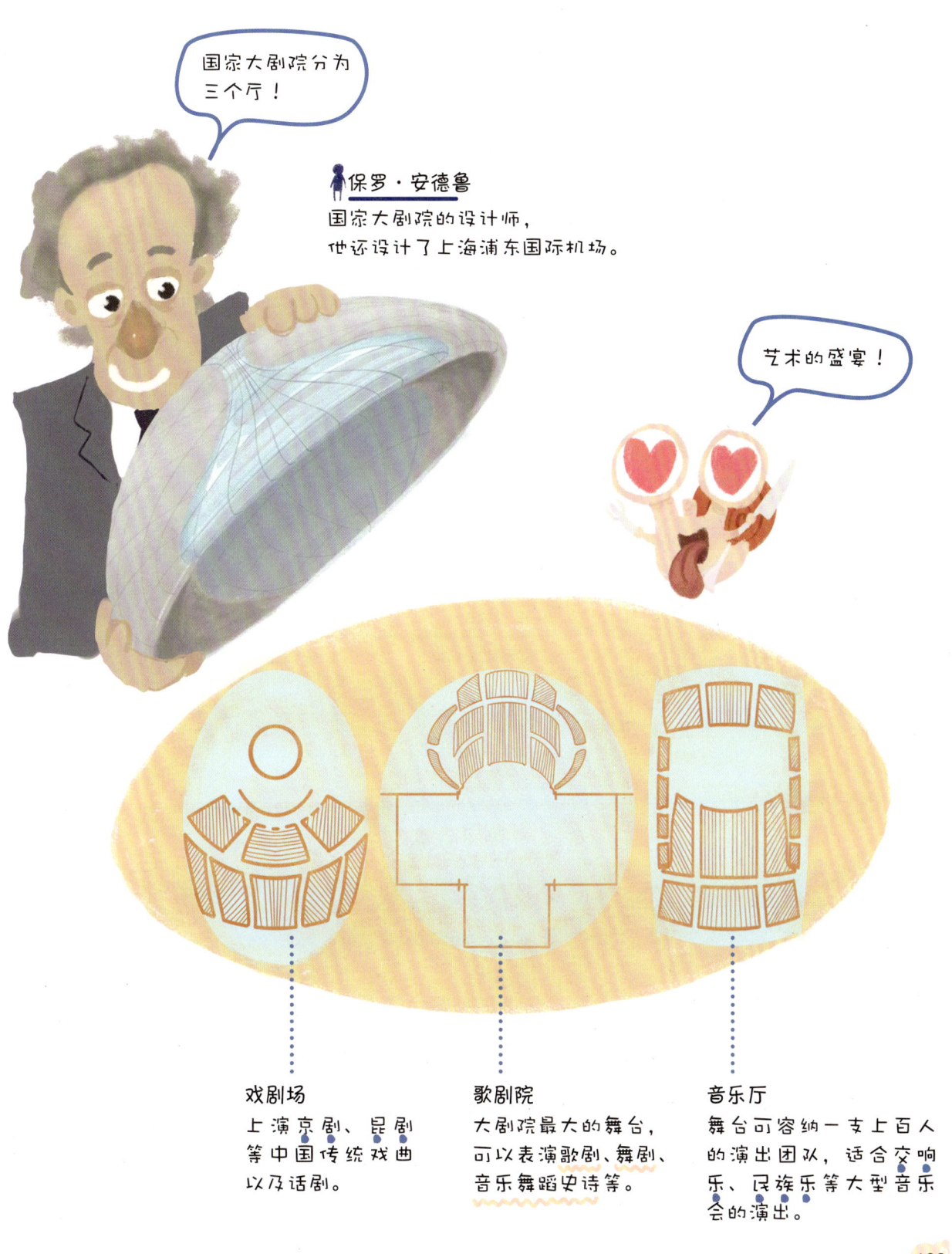

国家大剧院分为三个厅!

**保罗·安德鲁**
国家大剧院的设计师,他还设计了上海浦东国际机场。

艺术的盛宴!

**戏剧场**
上演京剧、昆剧等中国传统戏曲以及话剧。

**歌剧院**
大剧院最大的舞台,可以表演歌剧、舞剧、音乐舞蹈史诗等。

**音乐厅**
舞台可容纳一支上百人的演出团队,适合交响乐、民族乐等大型音乐会的演出。

戏剧是一种把故事演出来的艺术，英文叫 play。或许 play 本身就具有"玩"的意味，"戏"也有游戏的意味，中国传统戏剧总是特别好玩。

### 梅兰芳

1941年，为了拒绝日本侵略者的演出邀请，梅兰芳在自己最辉煌的时候退出了舞台，不再唱戏，还留起了胡子以表现自己绝不妥协的决心，直到1945年抗战胜利后他才重新回到舞台。

比如，京剧中一共有"生、旦、净、丑"四大行当，可是扮演"生"的不一定就是男生，扮演"旦"的不一定就是女生，"净"角明明涂了满脸颜料，却要叫"干净"的"净"！

"角色"的意思

旦
戏曲中的女性角色。

净

大花脸，京剧脸谱就是画在净的脸上的，不同颜色的脸谱代表的角色性格和能力都有不同。

**孟小冬**
虽然是女生，但在舞台上扮演老生，也就是老头子。

生
戏曲中的男性角色。

丑
丑角，常在鼻梁上抹一小块白粉，是个小花脸，负责搞笑。

丑角的来头可不小哦，详见《跟着 Wolly 游西安》第 43 页。

111

武生背后插着很多旗子，代表的是千军万马。

手里拿着根马鞭就代表骑着马。

两三人千军万马！四五步走遍天下！

中国的戏曲或许是世界上最神奇的戏曲！舞台明明只有两个人，却可以涌现千军万马；舞台明明很小，演员却只通过几个动作，就可以表现出翻山越岭、长途跋涉之感！

总之，随时保持自己的想象力，才是打开京剧的正确方式！

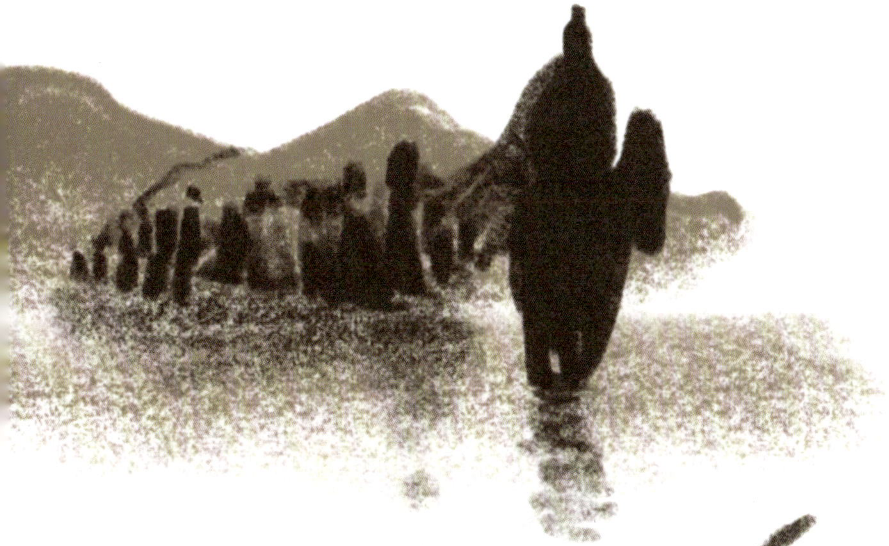

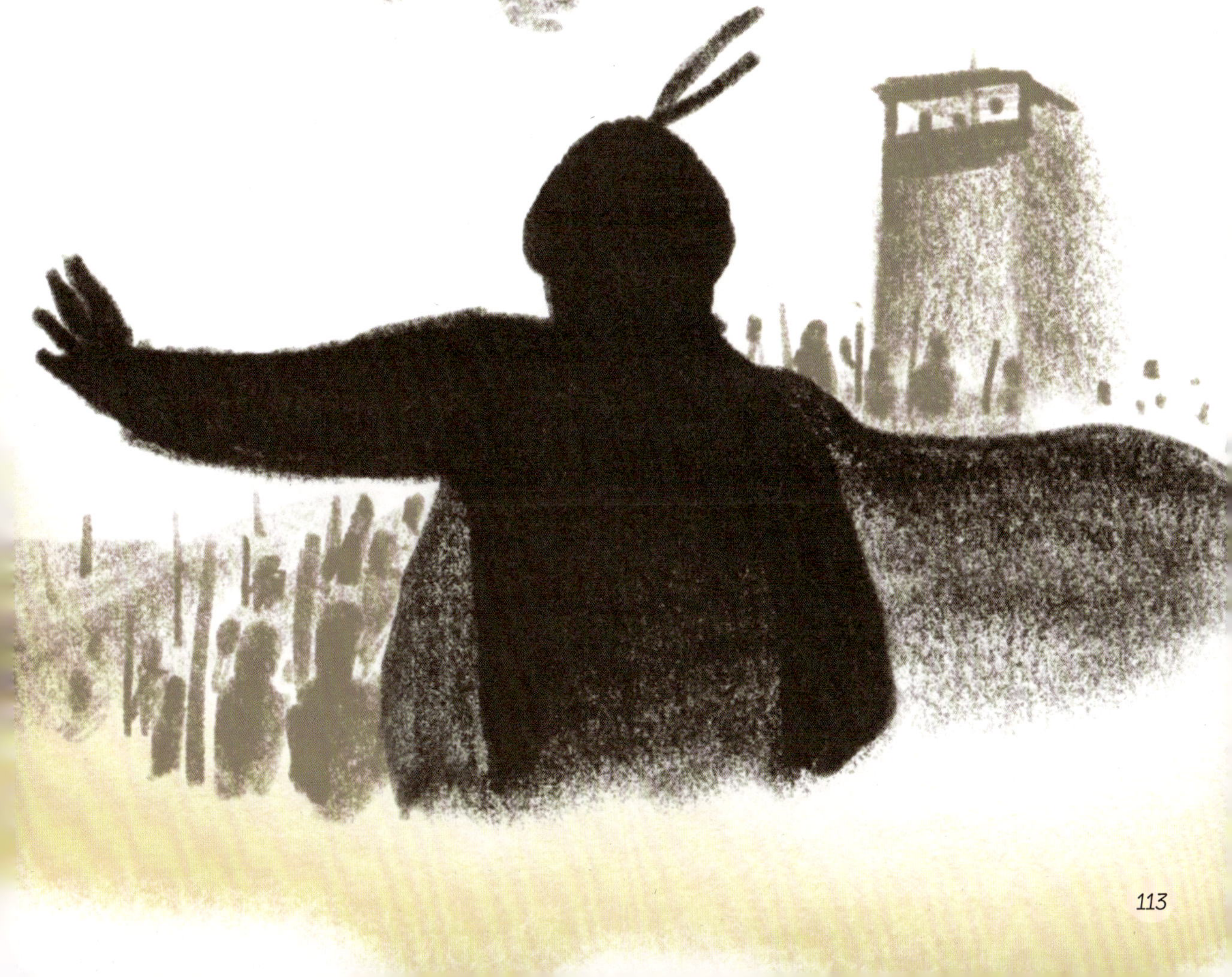

# 中关村科技园

中关村科技园是中国第一个国家级高新技术产业开发区，被誉为"中国硅谷"。

位于美国高科技事业云集的圣塔克拉拉谷城，因研究和生产以硅为基础的半导体芯片而得名，诞生了英特尔、苹果、谷歌、脸书、雅虎等高科技公司。

> 我这样优秀的人才当然要来这里啦！

作为中国高新产业发展的摇篮，中关村科技园拥有超过14000家高新技术企业，北大、清华以及近百所国家科研院和重点实验室也坐落在这里，吸引了一大批高精尖人才来创新创业。

随着科技的不断发展，我们未来的生活会变成什么样子呢？也许，我们会迎来**元宇宙**……

最早出现在 1992 年的科幻小说《雪崩》中，小说里的人们生活在一个庞大的数字化虚拟世界中。

元宇宙（Metaverse）
是人类运用数字技术构建的，由现实世界映射或超越现实世界，可与现实世界交互的虚拟世界。在这个世界里，人们可以改变自己的身份、外貌，突破时间和空间的限制学习、生活、社交、工作，等等。

如今我们已经有了5G技术、云计算、人工智能、虚拟现实、区块链、数字货币……元宇宙的虚拟世界好像离我们越来越近了。

但元宇宙和现实世界一样，不仅技术需要不断进步，也要有法律来制约人们的行为。只要我们善于思考，乐于想象，勇于探索，总有一天元宇宙会真正到来。

蜗
清晖
脚本设计 & 文案
BOSS
Junjun
内容总监
Boss
主编
DU~
阿齐
插画师
玮玮
插画师
喵
视觉总监
阿阳
插画师
萌萌
插画师